中国文化
经纬

中国法家

许抗生　著

中国书籍出版社
China Book Press

图书在版编目（CIP）数据

中国法家／许抗生著．—北京：中国书籍出版社，2021.1
（中国文化经纬／王守常主编）
ISBN 978-7-5068-8089-3

Ⅰ.①中… Ⅱ.①许… Ⅲ.①法家－思想史－中国 Ⅳ.①B226

中国版本图书馆 CIP 数据核字（2020）第 218798 号

中国法家

许抗生　著

责任编辑	王星舒　牛　超
责任印制	孙马飞　马　芝
封面设计	东方美迪
出版发行	中国书籍出版社
地　　址	北京市丰台区三路居路97号（邮编：100073）
电　　话	（010）52257143（总编室）　（010）52257140（发行部）
电子邮箱	eo@chinabp.com.cn
经　　销	全国新华书店
印　　刷	三河市顺兴印务有限公司
开　　本	635 毫米 ×970 毫米　1/16
印　　张	11.25
字　　数	120 千字
版　　次	2021 年 1 月第 1 版　2021 年 1 月第 1 次印刷
书　　号	ISBN 978-7-5068-8089-3
定　　价	36.00 元

版权所有　翻印必究

《中国文化经纬》系列丛书
编委会

顾问 汤一介 杨 辛 李学勤 庞 朴
　　　 王 尧 余敦康 孙长江 乐黛云

主编 王守常

编委（按姓氏笔画为序）
　　　 王 平 王小甫 王守常 邓小楠
　　　 乐黛云 江 力 刘 东 许抗生
　　　 朱良志 孙尚扬 李中华 陈平原
　　　 陈 来 林梅村 徐天进 魏常海

总　序

二十世纪三十年代，陈寅恪先生在冯友兰《中国哲学史》下册的《审查报告》中说："窃疑中国自今日以后，即使能忠实输入北美或东欧之思想，其结局当亦等于玄奘唯识之学，在吾国思想史上既不能居最高之地位，且亦终归于歇绝者。其真能于思想上自成系统，有所创获者，必须一方面吸收输入外来之学说，一方面不忘本来民族之地位。此二种相反而适相成之态度，乃道教之真精神，新儒家之旧途径，而二千年吾民族与他民族思想接触史之所昭示者也。"今天读陈先生的话，感慨良多。先生所言之义：佛教传入中国，其教义与中国思想观念制度无一不相冲突。然印度佛教在近千年的传播过程中不断调适，亦经国人改造接受，终成中国之佛教。这足以告知我们外来思想与中国本土思想能够融合、始相反终相成之原因，在于"必须一方面吸收输入外来之学说，一方面不忘本来民族之地位"。这就是我们经常讲的，当下中国文化必须"返本开新"。如有其例外者，则是"忠实输入不改本来面目者，若玄奘唯识之学，虽震荡一时之人心，而卒归于消沉歇绝"。

我以为近代中国落后于西方，不应简单视为文化落后，而是二千多年的农业文明在十八世纪已经无法比肩欧洲工业文明之生产效率与市场资源的合理配置，由此社会政治、国家管理制度也纰漏丛生。由是而观当下之中国，体制改革刻不容缓，而从五四时代以来的文化批判也需深刻反思。启蒙运动对传统文化的批评固然有时代需求，未经理性拷问的传统文化无法随时代而重生。但"五四运动"的先贤们也犯了"理性科学的傲慢"，他们认为旧的都是糟粕，新的都是精华，以二元对立的思考将传统与现代对峙而观，无视传统文化在代际之间促成了代与代的连续性与同一性，从而形成了一个社会再创造自己的文化基因。美国学者席尔思写了一部书《论传统》，他说：传统是围绕人类的不同活动领域而形成的代代相传的行为方式，是一种对社会行为具有规范作用和道德感召力的文化力量，同时也是人类在历史长河中的创造性想象的沉淀。因而一个社会不可能完全排除其传统，不可能一切从头开始或完全取而代之以新的传统，而只能在旧传统的基础上对其进行创造性的改造。此言至矣！传统与现代不应仅在时间序列上划分，在文化传承上可理解为"传统"是江河之源，而"现代"则是江河之流。"现代"对"传统"的理性诠释，使"传统"在"现代"得以重生。由此，以"同情的敬意"理解自己民族的文化传统是当下中国的应有之义，任何历史文化的虚无主义都要彻底摒弃。从"五四"先行者到今天的一些名士，他们对传统文化进行激烈批判，却也无法摆脱传统文化对自己的思维方式和价值观念的影响。这样的事实岂可漠视。

这套《中国文化经纬》丛书是在1993年刊行的《神州文化集成》丛书的基础上重新选目、修订而成。自那时到今天，持续多年的"文化热"、"国学热"，昭示着国人对自己民族文化的认同还处在进行时。文化决定了一个民族的性格，民族性格决定了一个民族的命运。中国文化书院成立至今已有30年了，书院同仁矢志不移地秉承着"让世界文化走进中国,让中国文化走向世界"之宗旨,不负时代的责任与担当。此次与中国书籍出版社合作出版这套丛书,期盼能在民族文化的自觉、自信、自强上有新的贡献。

王守常

2014 年 12 月 8 日

于北京大学治贝子园

目 录

总　序 …………………………………………………………… 1

第一章　总论法家 …………………………………………… 1

第二章　春秋时期法家思想的萌芽和先驱人物 …………… 9
　　第一节　齐国法家先驱——管仲 ………………………… 11
　　第二节　晋国法家先驱——郭偃、赵盾 ………………… 17
　　第三节　郑国法家先驱——子产、邓析 ………………… 21

第三章　战国前期和中期法家学派的形成与勃兴 ………… 26
　　第一节　李悝的法家思想 ………………………………… 28
　　第二节　吴起的法家思想 ………………………………… 33
　　第三节　商鞅的法家学说 ………………………………… 40
　　第四节　齐国法家的思想 ………………………………… 69

第四章　战国末期法家学派思想的总结与秦王朝法家
　　　　政治的终结 …………………………………… 102
　　第一节　荀子儒学与法家的关系 ……………… 106
　　第二节　韩非法家学说及其对先秦法家的总结… 109
　　第三节　秦王朝法家政治的兴亡 ……………… 139

第五章　法家思想对后世的影响 …………………… 153
　　第一节　晁错 …………………………………… 155
　　第二节　曹操、诸葛亮 ………………………… 158
　　第三节　王安石、张居正 ……………………… 163

出版后记 …………………………………………… 167

第一章　总论法家

法家是先秦诸学派中的一大学派。它萌芽于春秋时期，正式形成于战国初期，活跃于战国中期与后期。之后，秦始皇（嬴政）用法家思想统一了全国，法家成为秦王朝的统治思想，赢得了独尊的地位，进入全盛时期。后来，随着秦王朝的覆亡，法家也很快失去了原有的统治地位，而被黄老之学、儒学所代替。

法家造就了一个强大的秦帝国，同时法家也促使秦帝国速亡。法家的成功与失败，为两千多年来人们所评说，有的褒奖它，有的贬黜它，直至今日仍是值得我们讨论的一大历史课题。我们应该本着实事求是的历史唯物主义的态度，对法家学派作一历史的考察，还它本来面目。

顾名思义，法家一定重法、重视法治，如果不讲法治，就不可能称之为法家。法家的这一基本特征，早已被古代的历史学家们看得十分清楚了。西汉著名历史学家司马谈，在其《六家要旨》中即已提出"法家不别亲疏，不殊贵贱，一断于法"的思想。之后，《汉书·艺文志》亦持这一看法。并说："法家者流，盖出于理官，信赏必罚，以辅礼制。《易》

曰：'先王以明罚饬法，此其所长也。'"至于"以辅礼制"之说，则不能一概而论。有的法家既主张法治，亦主张礼制，礼、法要双行的。但有的法家是公开反对礼制的。法家是否都出之于"理官"（司法官），这也难说。不过，法家主张"信赏必罚"是很清楚的。所以，之后的《隋书·经籍志》说："法者，人君所以禁淫慝，齐不轨，而辅于治者也。"

在先秦典籍中，法家人物因主张法治被称之为"法术之士"。法家是一个学派，它有自己一整套治理国家的学说，所以法家的思想并不仅限于此。法家是在春秋战国时期发展起来的一个新兴学派，是适应时代变革的需要而产生的，在它身上带有强烈的新时代的精神和气息。法家学派除了有反对旧的礼制、主张新的法治这一基本思想之外，还有如下几项思想特征：

（1）主张变革，反对因循守旧。

法家学派倡导社会变革，反对维护旧制度，大多数法家人物参与了当时社会的"变法"运动，如李悝、吴起、商鞅等等，他们都是政治上的革新家。

（2）主张富国强兵，提倡耕战思想。

法家认为，国家的富强要靠两手：一是农耕，一是战争。重视发展农业生产，就能提供粮食，使国家富裕起来。重视战争，使军队强大，就可成为强国，即可争霸于天下。

（3）主张君主集权，提倡法、术、势三者为君主统治术。

法家主张强有力的君主集权政治，提倡国君用法、用术、用势来驾驭自己的臣民。这显然是一套加强君主专制主义的理论。

综上可见，法家特别重视政治、军事和农业经济三者。如果说，儒家是一个偏重于伦理道德的学派，道家是一个偏重于思辩哲学的学派，那么法家则是一个偏重于政治学说的学派。

法家与儒家、墨家一样，在自己内部也分成若干不同的派别，历史上有"管商（管子、商君）之学"和"申韩之学"的提法。当前的学术界对于法家内部的分派问题，大致有这样几种提法：

（1）按时间先后分。有所谓前期法家和后期法家之分。前期指李悝、商鞅、吴起等人，后期主要指韩非等人。

（2）按所提倡的君主统治术的不同分。有所谓重法的商鞅派、重术的申不害派、重势的慎到派和主法、术、势相结合的韩非派之分。

（3）按地域差异分。有齐法家和晋法家之分。

这些分法皆有其一定的道理。我主张以地域文化的差异来分析法家的派别。所谓晋法家与齐法家之不同，就是地域文化差异所造成的不同。齐法家是在田齐时代稷下学宫中所形成的一个法家派别。齐国稷下学宫招徕了天下四方学士，诸子百家都可在这里展开自由争鸣，思想异常活跃，各派之间思想互相影响，取长补短，有相互融合的倾向，这就造成了齐国的法家较少排他性，并能吸收其他各家，尤其是儒家的思想，从而把礼义思想引入到自己的法家学说之中。而晋法家是在反对旧礼制的斗争中发展起来的，它具有强烈的排他性，尤其是有着强烈的反儒思想倾向，所以它偏重于法，否定礼义，过分强调"严刑峻法"的思想，如商鞅、韩非等人即是如此。缘于此，司马谈批评法家"严而少恩"[①]。《汉书·艺文志》亦指责法家"及刻者为之，则无教化，去仁爱，专任刑法而欲以致治，至于残害至亲，伤恩薄厚（变厚为薄）"，皆是指这一派而言的。而秦始皇帝推行的法家政治，正是商鞅、韩非这一派的思想。这样的法家思想，正如司马谈所言："可以行一时之计，而不可长用也。"秦王朝成功的经验和覆灭的教训，大概也就在这里了。

以上面我们所说的法家的思想特点为标准，在先秦可正式列入法家学派人物的有：李悝、吴起、商鞅、慎到、申不害、韩非、李斯等，这些都是战国时代的著名法家人物。此外，早在春秋时期还有一批法家的先驱者，在他们身上已经有了法家思想的萌芽或因素。这些人物有管仲、郭偃、子产、邓析等。

先秦法家的典籍，按照《汉书·艺文志》所列，有下面几种：

《李子》三十二篇	名悝，相魏文侯，富国强兵。
《商君》二十九篇	名鞅，姬姓，卫后也，相秦孝公。
《申子》六篇	名不害，京兆人，相韩昭侯，终其身诸侯不敢侵韩。
《处子》九篇	（颜师古注："史记云赵有处子"）

---

① 《六家要旨》。

《慎子》四十二篇　　名到，先申韩，申韩称之。

《游棣子》一篇

《韩子》五十五篇　　名非，韩诸公子，使秦，李斯害而杀之。

《晁错》三十一篇　　（西汉晁错著）

《燕十事》十篇　　　不知作者

《法家言》二篇　　　不知作者

以上法家著作共十部，除《晁错》书外，大都是先秦著作。《李子》《处子》《游棣子》《燕十事》《法家言》等皆已佚失。《申子》《慎子》亦残缺不全。有人说李悝所著《法经》很可能就是《李子》三十二篇中的一部分。除上面所列著作之外，先秦法家著作尚有《吴起》四十八篇，载《汉书·艺文志》兵家类，现已佚。今存《吴子》六篇，书中有不少汉朝以后出现的名词，疑经后人伪纂。此外，有一部很重要的法家著作《管子》，《汉书·艺文志》著录八十六篇，属道家。然而，《史记·管晏列传》张守节《正义》引《七略》："《管子》十八篇，在法家。"这属于法家的十八篇的《管子》是另有传本呢，还是即包括在八十六篇的《管子》之中？现已无法考定。细读现存《管子》，确有许多篇明显属于法家著作，是齐法家的重要作品。以此，《管子》一书不仅是一部研究道家的重要著作，也是一部研究法家的重要著作，尽管《管子》书中还有阴阳家乃至儒家的思想。

法家是随着春秋战国时期社会变革的演进而产生和发展的，其发展大致可以划分为三个时期：

第一时期，是法家思想酝酿萌芽时期，大致在春秋时代。这一时期，随着社会逐步开始变革，尤其是经济上（如税制变革）、政治上（如刑法制度变革）的变革，在人们的思想中得到了反映，出现了一些法家思想的萌芽与因素。春秋时代出现了一批早期的社会改革家，如管仲、郭偃、子产、邓析等人。同时，在思想上，他们也或多或少地从不同程度上提出了一些要求变革的新思想、新观念。这些新思想、新观念，就是后来发展起来的法家学派的思想成分和因素，这些新人物也就成为后来法家的先驱人物。

第二时期，是法家的勃兴时期。这一时期大致在战国前期和中期。时至战国前、中期，随着社会经济、政治的发展，人们要求进一步打破旧制度，实行社会变革，各诸侯国前后进入了变法的高潮时期。法家就是在这一社会大变革的浪潮中产生和勃起的。战国时期，各诸侯国中以魏国进行变法为最早，其开始于魏文侯时。魏文侯（公元前四四六——前三九六年）在位期间礼贤下士，招徕了天下学士，并亲自师事儒门弟子子夏、田子方、段干木等人。又任用李悝、吴起等人实行变法。李悝曾兼采各国成文法典而作《法经》，实行法治，并重视农业生产，作"尽地力之教""平籴法"等，实行政治、经济改革。李悝还著《李子》一书三十二篇，阐发了他的"富国强兵"思想。李悝成为战国时期第一位法家政治家和思想家。法家之所以能在魏国最早产生，是与魏文侯推行变法分不开的。

之后，吴起奔楚，楚悼王（公元前四〇一——前三六一年）重用吴起变法。吴起"明法审令"，也是法家早期一位重要代表人物。

韩昭侯时，又有另一位法家人物申不害"学术以干昭侯"。史称申不害"修术行道，国内以治"。当时，最著名的法家人物还有在秦国变法的商鞅。卫人公孙鞅，先事魏相公叔痤为中庶子（掌管公族事务的官吏），公叔去世后，商鞅闻秦孝公下令求贤，于是入秦事孝公，在秦国实行变法，富国强兵，使后起的秦国一跃成为天下最富强的国家，从而奠定了秦国统一山东六国的基础。商鞅有《商君》一书，较系统地阐述了他的法家学说。

李悝、吴起、商鞅都曾经在魏国从政，又都成了法家的重要代表，可见魏国是当时法家主要发源地。申不害虽为郑人，但其政治活动主要在韩国。还有后来的韩非也是韩国公子。可见韩国当时也是法家主要的活动中心之一。魏国韩国属于三晋地区，故他们被称为晋法家。

齐国是东方的大国，齐威王（公元前三五六——前三二一年）重用即墨大夫，"田野辟，民人给"，"齐国以治"。威王又用邹忌为相，重视"谨修法律而督奸吏"[①]，使"齐最强于诸侯"。威、宣之时，"稷下学宫复盛"，思想界十分活跃，其中法家思想在学宫中占有很重要的地位（如法家慎到就是稷下学士）。他们的法家思想，一方面是对春秋时期法家先驱者管仲思想的发挥，另一方面是反映了当时齐国社会变革的

---

① 《史记·田完世家》。

要求。齐国的法家，后被称作齐法家。晋法家与齐法家是战国中期两个重要的法家系统，他们的思想基本上是相通的，但也有不同的地方，显示出了地域文化差异的特点。

　　第三时期，是法家学派思想系统化理论化时期，是先秦法家思想的总结时期，也是法家思想在全中国赢得辉煌胜利的时期。这一时期，大致在战国末至秦王朝建立时期。主要代表人物是韩非、李斯、秦始皇等人。韩非是先秦法家思想集大成者。李斯、秦始皇是实际推行法家思想的大政治家。在战国前期的变法高潮中，法家人物大都忙于从事实际的变法活动，如商鞅、吴起、申不害等人皆是如此。他们首先都是实际政治家，他们的著作也主要偏重于当时的政治。因此，他们的法家思想缺乏系统化、理论化，尤其缺乏哲学理论基础。活动于战国末年的韩非，是一位法家的大思想家，他把先秦法家学派的思想加以总结使之系统化，同时，他又吸取了道家的哲学思想，使之成为自己法家思想的哲学理论基础，从而把先秦的法家思想发展到了最高峰。之后，法家理论再没有得到多大的发展，但在政治上却得到了全面的贯彻。从某种意义上说，秦王朝就是法家政治的最高产物。

第二章　春秋时期法家思想的萌芽和先驱人物

公元前七七〇年，周平王放弃镐京迁都洛邑，由西周成为东周，从这一年至公元前四七六年，是中国历史上所谓的"春秋时期"。周王朝自西周末年开始走上衰落，春秋时期是一个社会动荡、战乱频仍的时代，昔日强大的周王朝，那时已名存实亡，虽说周天子尚是天下"共主"，但已丧失了过去的权威，形式上还统一的周王朝，实际上已分裂瓦解，各诸侯国之间争夺霸权，号令天下。社会进入了一个大分裂、大动荡、大战乱的时代。随着春秋时期生产力的发展，尤其是铁器工具在农业上的普遍运用，使物质生产力得到普遍的提高。生产力的发展，也就与旧有的生产关系发生了矛盾冲突。首先是旧有的土地制度已经不再适应于新的生产力的要求。按照西周社会的制度，全中国的土地，都属于周天子一人（"普天之下莫非王土"）。周天子再用分封建国的制度，把一部分土地分封给诸侯国，诸侯国君又把其中的一部分分封给卿、大夫。这种制度把土地的开垦限制死了。到了春秋时代，由于铁器耕具的普遍使用，大量地开垦土地变为现实，进而造成了"私家"富于"公室"的情况。下层贵族和一部分自耕农民靠开垦荒地和精耕细作富了起来，以此敲响了旧有土地制度的丧钟。一些诸侯国中的有识之士，为了富国强兵，为了争夺天下的霸业，顺应生产力发展的要求，开始推行新的经济制度的改革，出现了所谓"税亩"制度。"税亩制"按田亩的数量、质量征税。这实际上就是承认了土地的私有制和开垦荒地的合法性。这种制度最早在齐国，后来又在鲁国等国得到了实现。

经济制度的改革，必然要反映到政治上。在政治领域，那些新出现的处于下层地位无权或少权的"新富"、"新贵"们，纷纷要求重新进行权力的分配。春秋时期诸侯国中也出现了新的权力之争。新贵新富们起来夺取旧贵族的权力，已形成一种趋势，这是当时政治斗争的一个重要内容。《论语·季氏篇》中所说的"禄（爵禄）之去公室（指诸侯国君）五世矣，政逮于大夫四世矣"，这种权力下移的现象，就是下层新贵逐步走上政治舞台夺取权力的反映。

政治上的另一重大变革，是一些国家的先进人物，用新的法治代替旧有的礼治。西周王朝时，周公旦制礼作乐，推行礼治，用"礼"来规范人的一切行为，"礼"成了"经国家，定社稷，序民人"的整套的政治等级制度。随着周王朝的衰落，新的政治势力的兴起，周礼已逐渐地丧失了它的作用，当时社会上普遍地出现了"越礼"、"僭礼"的行为，"周礼"成为束缚人的桎梏。为了打破这种陈旧的束缚，一些有

第二章　春秋时期法家思想的萌芽和先驱人物

识之士主张公布刑书，如郑国的子产、邓析和晋国的范宣子等人，用公布于众的成文法典代替旧有的礼治，来治理国家，这就是以后法治思想的萌芽。

所有这些经济、政治的改革，反映到思想领域，逐步地出现了法家学派思想的萌芽，出现了一批法家学派的先行者。

第一节　齐国法家先驱——管仲

春秋时代，最早实行改革，成为先进国家，创立天下霸业的是齐国。齐桓公（公元前六八五——前六四三年）是位有胆有略的国君，他重用管仲推行改革措施，实行富国强兵，成为当时天下的最强大的霸主。

管仲（？——公元前六四五年），名夷吾，字仲。颍上（今安徽颍上县）人。家贫，曾与好友鲍叔牙一起做过生意。管仲自己说："吾始困时，尝与鲍叔贾，分财利多自与，鲍叔不以我为贪，知我贫也。"[1] 可见管仲并不出自贵族。后来"鲍叔事齐公子小白，管仲事公子纠"，小白与公子纠争夺君位，公子纠失败，管仲被囚。小白立为齐君，即是齐桓公。鲍叔推荐管仲于齐桓公，桓公不以私怨而重用管仲为相。管仲亦以社稷为重而辅佐桓公。"管仲既用、任政于齐，齐桓公以霸，九合诸侯，一匡天下，管仲之谋也。"[2]

---

[1]《史记·管晏列传》。
[2] 同上。

关于管仲的思想和他所实行的改革措施，现主要记载于《国语·齐语》之中。相传《管子》一书为管子所作，但《管子》书内容十分复杂，书中除了有几篇是记述管子言行的著作之外，大都是战国时期的道家、法家乃至阴阳家的思想，所以学术界一般都认为，《管子》一书是齐国威、宣之时稷下学宫的学术论文总汇，并不是管仲所作。至于记述管仲言行的有三篇，即《大匡》、《中匡》和《小匡》，大致与《国语·齐语》中所记管仲的言行相当，则可以作为研究管仲思想的资料。

管仲在齐国推行旨在"富国强兵"的改革，其主要内容是：

(1)"相地而衰征"。

管仲首先在齐国实行"相地而衰征"的经济改革政策。相地衰征，即是按土地质量上的好坏、数量上的大小，分成等级而实行征税。"衰"即是等差的意思。所以，在《大匡》中把这一政策，称之为"案田而税"。这一政策看起来似乎是一种税收政策的改革，其实质已否定了过去的土地王有制，而承认了土地的私有制，承认了私田，尤其是私家开垦荒田的合法性。所以，这一政策是对旧有土地制度的一次重大突破，是一次具有革命性的变革。正由于实行了这一政策，做到了"相地而衰征则民不移"，老百姓能尽力从事于农业生产而不会流移他乡。可见，这是一项解放生产力的重要措施。

"案田而税"，在鲁国《春秋》中则称作为"初税亩"制度。鲁国实行"初税亩"是在鲁宣公十五年，即公元前五九四年，正式宣布"履亩而税"。《汉书·食货志》说："鲁宣公初税亩。"颜师古注引孟康曰："《春秋》谓之履亩，履践民所种好者而取之。""初税亩"就是鲁国第一次实行按田亩而收税的制度，即第一次实际上宣布了土地的私有制。

（2）"赋禄以粟"。

《大匡》中记载了齐桓公在管仲为相时还推行了"赋禄以粟"的政策。与"案田而税"相应，采用粟（粮食）作为官吏的俸禄。这也是对旧有分封制度的否定。西周实行的分封制与土地联系在一起，周天子用土地当作俸禄分给诸侯，诸侯又把土地分给卿大夫等等。现在实行了"按亩而税"，土地实行了私有化，官吏的俸禄不能再以土地来充当，必须与"按亩而税"相适应，代之以粮食（"粟"）。这样的官吏就与过去的与土地相联系的世卿世禄的旧贵族有了很大的不同。这一政策实际上是铲除了旧贵族的经济基础，是对旧官僚制度的一次突破。

（3）选贤才。

《孟子·告子下》说到齐桓公称霸，召集诸侯于葵邱，举行有名的葵邱盟会。在会上齐桓公提出了五条盟誓，其中第二条是"尊贤育才，以彰有德"，第四条是"士无世官，官事无摄，取士必得，无专杀大夫"。选举贤才，任以官职，这就必须打破士的"世官"（世袭官僚）制度，所以规定要"士无世官"。至于"官事不摄"，这是说一个官不得兼任几个官职，这是为了防止权力过于集中在少数人之手，使更多的贤能之士选拔为官。齐桓公所提出的这些措施，就是来自管仲所主张的选贤才的思想。这些思想在《管子·小匡》中得到了反映。

《小匡》中较为详细地记载了管仲所主张的选拔贤才的思想。管仲提出每年"乡长"（乡相当一级行政单位，乡长指主持乡的官吏）应该向齐国君推选有德有才之士，不得隐瞒之。隐瞒了就是"蔽贤"、"蔽才"，是犯罪的行为。《小匡》说："正月之朝，乡长复事，公（指齐桓公）亲问焉，曰：'于子之乡有居处为义，好学聪明，质仁慈孝于父母，长弟闻于乡里者，有则以告，有而不以告，谓之蔽贤。'"又说："于子之乡，有拳勇股肱之力，筋骨秀出于众者，有则以告。有而不以告，谓之蔽才。"管仲坚决反对蔽贤才，认为蔽贤是乡长失职犯罪的行为，作为乡长必须"修德进贤"，留心选拔贤才。管仲接着又提出了在选拔贤才之后，还得进行考核的思想。管仲提出了所谓的"三选"制度。即在推举出贤才之后要任以官职，考验其成事，询问其国事，察问其乡里，以观其所能，确为贤才者则"登以为上卿之佐"。这一系列选拔考核制度，名之曰"三选"。这种考核考验官吏的思想，为战国时期的法家所吸取和发挥，成为法家思想的重要理论之一。

（4）富民。

民为邦本，国家要富强，其根基在于民富，管仲似乎懂得了这一道理。管仲认为要使民富，就要使民尽力于农业生产，而不流移失所。要做到这点，首先要实行"相地而衰其政（征），则民不移"。之后，还要使民按时节进行生产，国家官吏不得扰乱农时。以此，管仲提出了"无夺民时，则百姓富"的思想。同时，国家还应采取"省刑罚，薄赋敛"的政策①，减轻老百姓的负担，使老百姓能安居乐业。这亦是所谓的"爱民之道"的一种表现。这样就能做到"慈于民"、"宽政役，敬百姓，则国富而民安矣"。

（5）强兵。

为了争霸天下，富国必须要有强兵，要有强大的军队，作为国家的支柱，作为争霸的基础。没有强兵也就不能够争霸。为此，管仲提出了"作内政而寓军令"的主张，即把行政组织与军队组织统一起来，靠组织的力量以增强军队的实力。管仲的办法是：三分齐国以为三军，建立乡里组织，从上而下以统率之。其具体的做法是："制五家以为轨，轨为之长。十轨为里，里有司。四里为连，连为之长。十连为乡，乡有良人，以为军令。"② 这基本上是行政组织，然后在这组织基础上又建立军事组织，其做法是："五家为轨，十轨为里，故五十人为小戎，里有司率之。四里为连，故二百人为卒，连长率之。十连为乡，故二千人为旅，乡良人率之。五乡为一师，故万人一军，五乡之师率之。"③ 这样，行政组织家、轨、里、连、乡与军事组织伍、小戎、卒、旅、军统一了起来，全齐国共置三军，总共三万兵士。这样的军事组织有什么好处呢？管仲认为其好处是："卒伍之人，人与人相保，家与家相爱，少相居，长相游，祭祀相福，死丧相恤，

---

① 《管子·大匡》。
② 《管子·小匡》。
③ 《管子·小匡》。

祸福相忧，居处相乐，行作相和，哭泣相哀"，这样就能团结一致，协同作战，"是故夜战其声相闻，足以无乱。昼战其目相见，足以相识，欢欣足以相死，是故以守则固，以战则胜。君（指齐桓公）有此教士三万人，以横行于天下，诛无道以定周室，天下大国之君，莫之能御也"。① 确实，齐桓公实现了九合诸侯、一匡天下的霸业，是与齐国有了这样的军队分不开的。

(6) "关市几而不征（税）"。

在诸侯国之间，管仲提倡通商、互通有无，实行"关市几而不征"的政策。"几"指检查，"征"指征税。"几而不征"，即指把关的人对诸侯国之间来往的货物，仅只检查，而不征税。这是鼓励通商，自由贸易的思想。《国语·齐语》中说，管仲主张"通齐国之鱼盐于东莱，使关市几而不征，以为诸侯利"。这就为打破诸侯国之间的壁垒界限，促进统一，创造了有利的条件。同时，也对当时经济的发展，起到了积极的作用。关于管仲的这一政策，在《管子·大匡篇》中，则记载为"驰关市之征，五十而取一"。这是一种减轻关税的政策，似与"几而一征"还有一定的出入。但不论是不征关税，还是减轻关税，其目的都是为了方便通商，繁荣经济，在这方面，两者是一致的。

管仲这些富国强兵的思想和措施，不仅使当时的齐桓公称霸于诸侯，而且对后来各诸侯国的变法运动有很大的影响。

---

① 《管子·大匡》。

他的思想和许多进步的措施，为战国时期法家的政治家和思想家所继承和发扬。可以说管仲是春秋时代最早，亦是最著名的一位法家先驱人物。

第二节　晋国法家先驱——郭偃、赵盾

继齐桓公之后，晋国也走上了霸主的地位。其时，晋文公（公元前六三六——前六二八年）在位。《韩非子·南面》说："伊尹毋变殷，太公毋变周，则汤、武不王矣。管仲毋易齐，郭偃毋更晋，则桓、文不霸矣。"在这里，韩非把郭偃与汤的伊尹、周的太公（望）和齐国的管仲并提，认为郭偃与这些人一样都是社会改革家，晋国如果没有郭偃的变革，也就不可能成霸业。韩非的这一说法，在《墨子》一书中也同样得到了反映。《墨子·所染》篇说："齐桓染于管仲、鲍叔。晋文染于勇犯、高偃。"这里的高偃即是郭偃，高郭一声之转，墨子认为人也与染丝一样受周围环境的影响，"（丝）染于苍则苍，染于黄则黄，所入者变，其色亦变"。以此他认为，春秋五霸主之所以能称霸，就在于其"所染当，故霸诸侯，功名传于后世"。这就是说，齐国桓公所以能称霸，是受了管仲影响的结果；晋国文公所以能称霸，是受了郭偃影响的结果。可见，郭偃和管仲一样都是当时推行富国强兵的社会改革家。至于郭偃在晋国实现了哪些改革，由于史料缺乏，我们已不得详知。《商君书·更法》说："郭偃之法曰：'论至德者不和于俗，成大功者不谋于众。'"这里的"郭偃之法"，

明显是指郭偃在晋国实行变法的思想和措施。郭偃认为，要成至德和大功就不能同于常人的习俗。这也就是说，变法就要改变人们的习惯和旧有的观念。《韩非子·南面》则说："郭偃之始治也，文公有官卒；管仲始治也，桓公有武车，戒民之备也。"这说明郭偃之治晋和管仲之治齐，皆是以强大的军队作为后盾的，"官卒"、"武车"，皆是"强兵"的措施，在这一点上他们两人的主张是相同的。

《国语·晋语四》记载说："文公问于郭偃曰：'始也吾以国为易，今也难。'偃对曰：'君以为易，其难也将至矣。君以为难，其易也将至矣。'"难与易是会相互转化的，把治国看得太容易，反而治不好成为难事；反之，把治国看成是难事，谨慎小心地去做，难事就成为容易的事了。可见，郭偃在这里是懂得一些辩证法的。

至于《国语·晋语四》中说到的晋文公时的一些改革措施，大概也都与"郭偃之法"有着密切的关系。这些措施有："举善援能"、"赏功劳"、"赋职任功"、"弃责薄敛"、"救乏振滞"、"匡困资无"、"轻关（减轻关税）易道（整饬道路）"、"通商宽农"、"省用足财"等等。所有这些大致亦与管仲的措施相通。

晋文公去世之后，晋襄公七年（公元前六二一年），晋在夷这个地方实行军事演习"搜于夷"，"使狐射姑将中军，赵盾佐之"[①]。当时赵盾之父赵衰的属官阳处文极力推荐赵盾于

---

① 《春秋左传》文公六年。

第二章 春秋时期法家思想的萌芽和先驱人物

晋襄公，于是襄公令赵盾为中军帅秉国政。赵盾"始为国政"，在晋国又一次实行变革。他的改革措施据《左传》所载，主要是：①制事典（制定办事章程或条例）。②正法罪（按照犯罪的轻重制定刑法律令）。③辟狱刑（清理诉讼积案）。④董逋逃（董，督也。督察追捕逃犯）。⑤由质要（由，用也。谓财物出入，皆用契约、账目以为凭据）。⑥治旧洿（孔颖达疏云：法有不便于民，事有不利于国，是为政之洿秽也，理治改正使洁清也）。⑦本秩礼（孔疏：本秩礼者，时有僭逾，贵贱相滥，本其次秩使如旧也）。⑧出滞淹（即举逸民，贤能之士沉滞田里，拔出而官爵之）。赵盾并使这些措施"行诸晋国，以为常法"①。从这些措施来看，赵盾是十分重视法治的，他的"制事典、正法罪、辟狱刑、董逋逃"，皆与法治有关。至于"治旧洿"、"出淹滞"，亦是与管仲、郭偃的思想相通的。可以说，赵盾是郭偃之后又一位晋国的法家先驱人物。

赵盾的法治思想，隔了一百多年后，到了晋顷公十三年（公元前五一三年），又得到了进一步的发展。是年冬天，晋国的赵鞅、荀寅"帅师城汝（汝水）滨，遂赋晋国一鼓铁，以铸刑鼎，著范宣子所为刑书焉。"② 赵鞅和荀寅收取了晋国"一鼓铁"（一鼓，十二斛。或云：三十斤为钧，钧四为石，石四为鼓，一鼓即为四百八十斤），铸成"刑鼎"，鼎上著有

---

① 《春秋左传》文公六年。
② 《春秋左传》昭公二十九年。

范宣子（即范匄）的刑书。这"刑书"很可能就是上面所说到的赵盾的"正法罪"、"董逋逃"等内容。这一把"刑书"公布于民的做法，在当时来说是件了不起的大事情，因为过去的刑法只掌握在贵族官吏们的手中，所谓"刑不可知，则威不可测"。然而，这种制度对广大的被统治的人民来说，是一个莫大的灾难。所以，公布成文法典，在当时是件划时代的大事，是其时社会经济、政治的变革在法权方面的反映。这一措施，必然要遭到保守派人物的反对，这是不足为奇的。

晋国铸了刑鼎，就连当时鲁国的大学问家孔子也不理解，在对待铸刑鼎问题上，孔子的态度是保守的。孔子批评这一改革措施说："晋国要亡了，失去法度了。晋国本来实行的是晋始祖唐叔所制定的法度，以治理人民，卿大夫各级官吏按照一定的等级秩序执行着这一法度，老百姓能尊重贵族官吏，贵族官吏也就能守住职位，贵贱有等不出错乱，这就是法度。……现在抛弃法度了，而铸造刑鼎，大家按照刑鼎办事，老百姓还怎么能尊重这些从政的贵族呢？贵族官吏们又怎能守住自己的职位呢？贵贱没有秩序了，又何以为国呢？范宣子所作的刑书，是晋国在夷这一地方进行军事演习时，由赵盾所制定的，它是晋国的乱制，又如何能成为大家遵守的法度呢？"[①] 由此可见，孔子是反对用刑鼎，而主张唐叔之法度的。唐叔的法度就是要使贵贱有等，维护贵贱等级秩序，很

[①] 《春秋左传》昭公二十九年。

显然这是一种维护旧礼制的思想。孔子自己也主张以礼治国，而反对法治的。依孔子看来，铸刑鼎，大家都按公布出来的成文法办事，就是动摇了贵族的尊严，就是破坏了贵贱等级秩序，即破坏了"周礼"。所以，主张铸刑鼎和反对铸刑鼎，反映了当时社会上的一场"法"与"礼"的斗争，一场革新与保守的斗争。

第三节 郑国法家先驱——子产、邓析

春秋时代的改革之风，从东方的齐国，吹到了北方的晋国，亦吹到了中原地区的郑国。郑国在子产执政时，也实行了改革的措施。

子产，姓公孙，名侨。（？——公元前五二二年）子产为政当在郑简公之时。据《春秋左氏传》记载。他的政治措施是：①"使都鄙有章"（使都市与郊野有别）。②上下有服（服者，事也，职也。上下各有任使）。③田有封洫（修整田界和水道，利于灌溉）。④庐井有伍（井田上收取十分之五的赋税。庐井，井田上的农舍，这里即指井田）。⑤"大人之忠俭者，从而与之"（与，举也，选拔也）。⑥"泰侈者因而毙之"（奢侈的官吏，使罪而去职）。这些措施与管仲的措施亦有相近的地方，如征收田赋、赏罚分明、发展农业生产等等，都是当时法家先行者共同的主张。

子产的这些改革措施，起初遭到一些人的反对，后来待到这些措施有了实效之后，又为人们所普遍拥护。关于这事，

《左传》记载说："(子产)从政一年，舆人诵之曰：'取我冠而褚（收藏）之，取我田畴而伍（一种赋税，十分取五）之，孰杀子产，吾其与之。'及三年，又诵之曰：'我有子弟，子产诲之；我有田畴，子产殖之，子产而死，谁其嗣之。'"① 这段话意思是说，子产实行改革一年，路人讽刺地唱着歌说："子产拿走了我的衣冠，拿走了我的田赋，谁能杀掉子产，我将乐意地帮助他。"待到改革三年之后，路人又唱着歌说："我有子弟，子产教诲他们，我有地田，子产帮我增加产量，如果子产死了，谁能来继承他的事业呢？"这一记载生动地反映了人们对子产改革态度的转变，由反对转变成拥护，这说明子产改革已经深入人心了。

子产最大的改革莫过于他的《铸刑书》一事。《左传·昭公六年》记载说："三月，郑人铸刑书。"鲁昭公六年三月，即是郑简公三十年三月，也即为公元前五三六年。其时早于晋国铸刑鼎二三年（晋国赵鞅铸刑鼎于公元前五一三年）。郑国铸刑书可以说是我国历史上第一部公布于民的成文法典。郑国子产的这一重大改革，立即遭到了保守派叔向的反对。晋国叔向致书子产说：

夏有乱政，而作禹刑；商有乱政，而作汤刑；周有乱政，而作九刑；三辟（即禹刑、汤刑、九刑）之兴，皆叔世（即衰世）也。今吾子相郑国，作封洫，立谤政（即纳谏），制参

---

① 《左传》襄公三十一年。

辟（三种刑律）。铸刑书（把刑律铸于铁上，公布于众）。将以靖（靖，安定也）民，不亦难乎?①

叔向认为，制定刑律都是衰世的政事，而你子产不仅制参辟，而且还铸刑书，把刑律公布于众，这怎么能安定老百姓呢？接着，叔向还提出了三条反对铸刑书的理由：①应效法周文王的德政，"文王之德，日靖四方"，以此不必用刑律。"昔先王议事以制（礼制），不为刑辟"。②公布刑书，百姓"将弃礼而征于书"（抛弃礼制而征引刑书以争讼），以此将产生争端。换言之，铸刑书是争端的祸首。③将会产生"乱狱滋丰，贿赂并行"，搞乱了刑政，"郑国将要衰败了"。可见叔向与孔子一样，都是站在维护礼治的立场反对法治的。子产与叔向之争，又是一次春秋时期的礼法之争。

子产的铸刑书的这一改革措施，当时受到两方面的批评。从保守方面反对子产的是晋国的叔向，从激进方面批评子产的是本国的邓析。邓析不满足于子产公布刑书，要求比较彻底地改革刑律本身的内容，自己写了"竹刑"。邓析与子产之争，属于改革者中比较温和（对旧制度保留较多）的一派与比较激进的一派的斗争。

子产出身于贵族，为郑国的宰相，他与旧制度有着千丝万缕的联系，他虽说搞了一些改革，公布了刑书，但他并没有反对礼治，并认为礼是天经地义的，是治民的根本原则。

---

① 《左传》昭公六年。

如他说："夫礼，天之经也，民之行也。"① 由此看来，他的刑书也不大可能有多少违背周礼的东西。子产温和的改革措施，遭到了激进的邓析的反对。据《吕氏春秋·离谓篇》说："子产治郑，邓析务难之。"其时，"郑国多相县（悬）以书（如张贴揭贴之类），子产令无县（悬）书，邓析致之（投递揭贴）。子产令无致书，邓析倚之（依凭他物杂而投递之）。令无穷，则邓析应之亦无穷矣。"邓析总是寻找机会想方设法来反对子产。邓析的原则是："以非为是，以是为非，是非无度（是非没有一定的标准），而可与不可日变。"邓析用相对论的思想方法来诘难子产，由此使得"郑国大乱"，于是"子产患之"，"杀邓析而戮之"。② 但子产是否真杀了自己的政敌邓析呢？据《左传》所载，杀邓析的并不是子产，而是驷歂。《左传·定公九年》记："郑驷歂杀邓析，而用其竹刑。"定公九年为公元前五〇一年驷歂杀邓析，而子产已卒于公元前五二二年，其间已经隔了二十一年的时间。驷歂杀邓析而用其竹刑，这说明邓析的竹刑一定胜过子产的刑书，更符合当时时代的要求。

邓析既是一位与子产同时或稍后的郑国的法家先驱，同时由于他的思想方法带有相对主义诡辩的性质，所以他又是以后名家学派的一位先驱人物。但邓析的生平已不可详考，《吕氏春秋·离谓篇》说："子产治郑，邓析务难之，与民之

---

① 《左传》昭公二十五年。
② 《吕氏春秋·离谓》。

第二章 春秋时期法家思想的萌芽和先驱人物

有狱者约，大狱一衣，小狱襦裤，民之献衣襦裤而学讼者，不可胜数。"可见邓析活动于民间，是位普及法律知识的民间法律学教师，他收的学费甚微（一衣一裤即可），可以说是我国历史上第一位从事民间法律教育工作的人。

第三章　战国前期和中期法家学派的形成与勃兴

继春秋之后，随着战国时代各诸侯国变法运动的深入与发展，出现了变法的高潮。随之，法家学派在其变法运动中得以产生和发展。

进入战国以后，首先实行变法的是魏国。魏国原是晋国的一部分。晋国随着新兴势力的壮大，晋公室逐渐衰微，政权随之下移。周贞定王十六年，晋哀公四年（公元前四五三年），赵、韩、魏三分晋国土地，自此晋君成为虚设。赵、韩、魏三家成了各自独立的国家。这在历史上称作"三家分晋"。之后，周威烈王二十三年（公元前四〇三年），周天子正式承认三家各为诸侯国。魏国成为独立国家之后，魏文侯（公元前四四六——前三九七年）在位期间，重用李悝、吴起等人实行变法。李悝总结了春秋以来的法治经验。撰写了《法经》一部，成为我国第一部比较系统完整的地主阶级的法典。以此，李悝成为战国时代第一法家人物。当时在魏国的法家人物除了李悝之外，尚有吴起、商鞅等人。

第三章　战国前期和中期法家学派的形成与勃兴

魏国首先吹响了变法的号角，并在这号角声中孕育出了一个时代的新学派——法家学派。变法春风自此吹遍了三晋大地，乃至整个中国。之后，吴起至楚，在楚变法，推行法治。商鞅西赴秦国，在秦国实行大规模的变法，并提出了一整套的治理国家的法家学说，把变法运动推到了最高潮。尽管吴起、商鞅皆出身于卫国，但他们都在魏国从政，魏国是当时的先进国家，可见他们的法家思想与魏国变法运动都受到了李悝思想的影响。

在战国中期，不仅存在着具有巨大影响的晋法家，而且在东方齐国还形成了自己国家的法家思想齐法家。齐法家是在田氏代齐之后逐步形成起来的。齐国君原为姜姓，随着齐公室的衰弱，贵族田氏消灭了执政的栾、高两氏，夺取了权力，并实行改革。周安王十一年（公元前三九一年）田和迁齐康公于海上，遂有齐国。十六年周安王正式承认田和为齐国君，从此姜齐为田齐所代替。田齐威王（公元前三五六——前三二一年）在位期间，重用邹忌为相，实行变法，富国强兵，使"齐最强于诸侯"。齐法家就是在田齐实行改革，推行法治过程中形成起来的。齐法家由于与晋法家有着不同的文化背景，所以齐法家有着不同于晋法家的思想特点。尤其是田齐崇尚黄老之学，在他影响下，齐法家与老子道家思想有着密切的联系。同时，齐法家还大量地吸收了儒家礼义教化的思想，与儒家思想又有着密切的联系。这些，以李悝、商鞅为代表的晋法家似乎是很少的。

至于战国中期的法家慎到，他虽说是赵人，但他又是齐国"稷下先生"之一，在稷下讲学，所以他的法家思想应属于齐法家，与道家思想有着密切的联系。

第一节　李悝的法家思想

李悝，战国初期人，曾任魏文侯上地之守，后转为国相。其时文侯正在国中礼贤下士，变法图强，师事子夏（"文侯受子夏经艺"）和田子方、段干木，又任"西门豹守邺，而河内称治"。又用吴起为将，击退秦军，"拔五城"。魏文侯招徕了四方贤能之士，共商国事，共图国家的富强，而李悝则是魏文侯实行改革的一位中心人物。李悝的著作，《汉书·艺文志》著录"《李子》三十二篇"。班固自注："名悝，相魏文侯，富国强兵。"而书早已亡佚。

李悝在魏国实行变法措施和他的法治思想，归结起来主要有以下四个方面：

（1）尽地力之教，提倡治田勤谨，增加产量。

《汉书·食货志》说："李悝为魏文侯作尽地力之教，以为地方百里，提封九万顷，除山泽邑居参分去一，为田六百万亩，治田勤谨则亩益三升，不勤则损亦如之。地方百里之增减，辄为粟百八十万石矣。"这是要求老百姓精耕细作（治田勤谨），提高单位面积产量（亩产），以发展农业生产。李悝在此细算一笔账：百里见方的区域，其中土地有九万顷，除去山、河、都市占去三分之一，还有田六百万亩，只要精耕细作每亩增加三升（颜师古说应作三斗，颜说是），百里见方之地就可增加一百八十万石粮食。反之，如果耕作不勤，每亩少收三斗，则百里见方之地，也能损失同样数量的粮食。这是一个十分大的数量，讲了一个积少成多的道理。以此李悝提出必须要充分地发挥地力，增加亩产。

（2）实行平籴法，稳定粮价。

《汉书·食货志》记载李悝的平籴法：

> 籴甚贵伤民，甚贱伤农，民伤则离散，农伤则国矿。故甚贵与甚贱，其伤一也。善为国者，使民毋伤而农益劝。①

这就是说，粮价太贵就会伤害从事工、商业的老百姓，如果太贱就会伤害农民。伤害了士、工、商，他们就会离国而去；伤害了农民，国家就会贫穷。所以，善于治国的，就要平定粮价，使它既不伤害士、工、商，又能鼓励农民发展农业生产。那么，如何平定粮价呢？李悝算了一笔账说：

> 今一夫挟五口，治田百亩，岁收亩一石半，为粟百五十石，除十一之税十五石，余百三十五石。食，人月一石半，五人终岁为粟九十石，余四十五石。石三十，为钱千三百五十，除社闾尝新春秋之祠，用钱三百，余千五十。衣，人率用钱三百，五人终岁用千五百，不足四百五十。不幸疾病死丧之费，及上赋敛，又未与此，此农夫所以常困，有不劝耕

---

① 《汉书·食货志》。

29

之心，而令籴至于甚贵者也。①

以一夫之家五口计算，种田一百亩，亩产一石半计，共收一百五十石，除去什一之税十五石，除去五人口粮九十石，尚余四十五石。以现今一石价三十钱算，四十五石可得一千三百五十个钱，除去用于各种祭祠三百个钱，再除去用于五人做衣服费一千五百个钱，这就已经亏欠四百五十个钱了。至于疾病死亡用费和上面的各种赋敛苛捐杂税，尚未计算进去。以此，常使得农民处于贫困之中，而失去了耕种土地的积极性，这样就造成了粮食减产，粮价猛涨。为此李悝提出一个平定粮价、鼓励增产粮食的措施，即所谓的"平籴法"。其办法是：

是故善平籴者，必谨观岁有上中下孰。上孰其收自四，余四百石；中孰自三，余三百石；下孰自倍，余百石。小饥则收百石，中饥收七十石，大饥三十石。故大孰则上籴三而舍一，中孰则籴二，下孰则籴一，使民适足，贾平则止。小饥则发小孰之所敛，中饥则发中孰之所敛，大饥则发大熟之所敛，而籴之，故虽遇饥馑水旱，籴不贵而民不散，取有余以补不足也。行之魏国，国以富强。②

---

① 《汉书·食货志》。
② 同上。

这里说，国家每年收购农民的粮食分上、中、下熟三类：上熟之年为大丰收年，可以收获到平岁的四倍，即以平岁百亩之地收一百五十石计，则上熟年可得六百石，除去什一税与穿衣吃饭外，可余四百石。中熟年收获三倍于平年，可有余粮三百石，下熟年二倍于平年，可有余粮一百石。按照这三种年成，国家向农民征收粮食亦相应分成这样三类：上熟年征收农民余粮四百石中的三百石，这叫做"上籴而余一"。中熟年征收余粮三百石中的二百石。下熟年征收余粮一百石中的五十石。待到荒年时，国家再把征收的粮食卖给老百姓，其出卖的办法亦按饥荒的程度不同分为三类：小饥年（五口之家仅收获一百石）、中饥年（仅收七十石）、大饥年（仅收三十石），小饥年则出粜小熟年征收的粮食，中饥年出粜中熟年所征收的粮食，大饥年出粜大孰年可征收的粮食。这样就可使市场上粮食的供给量保持稳定，也就可以使粮价保持稳定。这叫做"取有余以补不足"，从而可以使"虽遇饥馑水旱，籴不贵而民不散"，"行之魏国，国以富强"。

（3）著《法经》，奠定了封建社会的法律学基础。

李悝在魏国推行法治的基础上总结了春秋以来的法治经验，撰写出《法经》一书，它为我国整个封建社会奠定了法律学的基础。

《晋书·刑法志》说："是时（指三国魏明帝时——作者注）承用秦汉旧律，其文起自魏文侯师李悝。悝撰次诸国法，著《法经》。以为王者之政莫于盗贼，故其律始于《盗》《贼》。盗贼须劾捕，故著《网》《捕》二篇。其轻狡、越城、博戏、借假不廉、淫侈逾制，以为《杂律》一篇。又以《具律》具其加减。是故所著六篇而已，然皆罪名之制也。商君受之以相秦，汉承秦制。"这是说，三国时，魏国律承用秦汉旧律，而秦律溯其源来自李悝《法经》，"商君受之以相秦"。可见，《法经》在我国古代封建社会中具有十分重要的地位。而《法经》本身则是"撰次（春秋以来）诸国法"，是对诸国法的一次系统的总结。

《法经》共分六篇：第一篇《盗律》，第二篇《贼律》，第三篇《网律》，第四篇《捕律》，第五篇《杂律》，第六篇《具律》。这六篇之所以按照这样的顺序排列，是有原因的。这是因为李悝认为"王者之政莫急盗贼"，所以第一篇是《盗律》，第二篇是《贼律》。很显然这是为了维护封建秩序，保护财产所有权的。这里所谓的"盗"，不仅包括一般所说的强盗，也应包括下层人民用武力反抗统治者在内。盗贼则须剿捕。以此接着就有《网律》和《捕律》。《网律》用来剿灭"盗"的，《捕律》用来捕捉"贼"的。至于《杂律》则是指惩罚一般违禁行为的条例。最后还有《具律》一篇，规定按法惩处时可以酌情加减的条例。可见，《法经》是我国第一部较完整的系统的地主阶级的法典。

（4）颁布"习射令"，鼓励练武强兵。

《韩非子·内储说上》记载说："李悝为魏文侯上地守，而欲人之善射也，乃下令曰：'人之有狐疑之讼者，令之射的（的，指规定的所射之对象），中之者胜，不中者负。'令下而人皆疾习射，日夜不休，及与秦人战，大败之，以人之善射也。"这是说,李悝在担任上地守令时,颁布了一道法令说,如果在诉讼时遇到疑而不决的时候,即让双方比赛射箭,谁能射中目标,即是诉讼的胜利者。法令下达之后,老百姓都积极地习射,日夜不停。待到魏国与秦国发生战争时,魏国打败了秦国,这就是由于魏国士兵善射的原因。李悝的这一道法令,其目的完全是为了"强兵",培养魏国人善射。当然,以射中目标来判断诉讼的胜负是不科学的,这样很可能会冤枉了好人。但在当时来说,也不失为富国强兵的措施之一。

第二节 吴起的法家思想

吴起(?——公元前三八一年),卫国人,其少时,"家累千金",破产求仕而未就,常为"乡党笑之"。"吴起杀其谤己者三十余人",而离家出走,临行前"与其母诀",发誓说:"起不为卿相,不复入卫。"先师事鲁国曾子①,因吴起母死而不归,"曾子薄之,而与起绝"。以此吴起离开曾子,"学兵法以事鲁君"。其时正遇上齐国攻打鲁国,鲁君想重用吴起为将,又因其娶了齐国的女子为妻,怕他有二心。以此吴起杀了妻子以表示对鲁君的忠心。于是鲁君以吴起为将,率军攻齐,大获全胜。

---

① 曾子,指曾参的儿子曾申,参见孙开泰著《吴起传》附录一《吴起师曾申考》。

吴起正在得志之时，鲁国有人讨厌吴起，离间鲁君与吴起的关系，认为"鲁国卫国是兄弟之邦，而鲁君重用吴起，就是抛弃了卫国"，鲁君于是产生了怀疑，吴起最后只得又离开了鲁国。吴起听说魏国的文侯贤明，于是他离开鲁到了魏国，欲事文侯。文侯问其相李克（有人认为李克即是李悝，克、悝一声之转）说："吴起是怎样的人呢？"李克说："吴起贪功名而好女色，然而用兵有方，就连司马穰苴也不能超过他。"这样魏文侯用吴起为将，击败秦军，"拔五城"。文侯以吴起善用兵，又清廉，"尽能得士心"，乃以为河西守，以抵拒秦国和韩国。魏文侯去世后，其子武侯继位，武侯询问吴起政事，吴起提出为政在于"修德"的思想。后公叔为相，娶魏公主而害吴起。公叔对武侯说："吴起是贤人，而魏国是小国，又与强秦接壤，恐怕吴起无久留之心。"以此离间武侯与吴起的关系。武侯疑之而不信。吴起恐得罪，而离魏赴楚。

其时，楚悼王（公元前四〇一——前三八一年）"素闻吴起贤"。吴起到了楚国，得到悼王的重用，任为楚相，在楚悼王的支持下，吴起在楚国大力推行改革，实行法治。按照《史记·本传》记载，吴起改革的主要措施是："明法审令，捐不急之官，废公族疏远者，以抚养战斗之士，要在强兵，破驰说之言从横者。"从横，即指游说诸侯的从横家。但吴起时尚无从横家。"破驰说之言从横者"，这里泛指破斥徒空口游说不能干实事的人。楚国通过吴起的变法，而得到了强盛，"于是南平百越；北并陈蔡，却三晋；西伐秦。诸侯患楚之强"。吴起的措施虽说使楚国得以富强，但损害了楚国旧贵族

第三章 战国前期和中期法家学派的形成与勃兴

的利益,以此"楚之贵戚尽欲害吴起"。待到楚悼王去世,宗室大臣作乱而攻吴起,吴起伏于王尸上,作乱者射刺吴起,并中悼王。这是一起旧贵族的复辟事件。悼王安葬后,其太子肃王立,于是"尽诛射吴起而并中王尸者"七十余家,最后旧贵族们也没有得到好的下场。①

吴起的著作,《汉书·艺文志》兵家类著录有"《吴起》四十八篇",但早已亡佚。现存《吴子》六篇:《图国》第一,《料敌》第二,《治兵》第三,《论将》第四,《应变》第五,《励士》第六。但有些学者认为,书中有许多汉朝以后的名词,疑为后人伪作。不过,书中也可能保留有吴起的思想。我认为凡是书中有与《史记·本传》中相合的思想内容,如明法审令、修德、爱兵等思想,应属于吴起的思想。

吴起的法家思想归结起来主要有如下几点:

(1) 明法审令。

"明法审令",审者信也。法令必行,信赏必罚。这一思想不仅《史记·本传》有记载,在现存的《吴子》中亦有反映。《吴子·治兵篇》说:"(魏)武侯问曰'兵何以为胜?'(吴)起对曰:'以治为胜。'又问曰:'不在众乎?'对曰:'若法令不明,赏罚不信,金之不止,鼓之不进,虽有百万,何益于用?'"吴起认为,军队能打胜仗,不在于人数众多,而在于法令明、赏罚信,如果令不行禁不止("金之不止,鼓之不进"),虽有百万之众,也是无益于用的乌合之众。同时

---

① 《史记》卷六十五《孙子吴起列传》。

吴起还提出，要使法令明，就要使"法令省而不烦"，这叫做"约"。只有做到了"约"，将军才能使自己的士兵令行禁止。

那么，"明法审令"是不是要实行"严刑"呢？《吴起·励士篇》说："武侯问曰：'严刑明赏，足以胜乎？'起对曰：'严明之事，臣不能悉，虽然，非所恃也。'"这是说，打仗要取得胜利不在于严刑重赏，而在于"发号布令而人乐闻，兴师动众而人乐战，交兵接刃而人乐死，三者人主所恃也"。[1] 这是说，要使士卒"乐"闻布令、"乐"于战争、"乐"于战死，关键不在于严刑，而在于激励士卒的作战士气。这就要做到使"有功者受赏，无功者亦受到勉励"。为此，他向武侯献策说："君举有功而进飨之，无功而励之。"武侯采纳了这一建议，"于是武侯设坐庙廷，为三行（即三排）飨士大夫。上功坐前行，肴席兼重器（贵重的饮食器）上牢（泛指上等菜肴）。次功坐中行，肴席器差减。无功坐后行，肴席无重器。飨毕而出。又颁赐有功者父母妻子于庙门外，亦以功为差。有死事之家，岁使使者劳赐其父母，著不忘于心。"[2] 这一按照功的大小等差行使赏赐的办法很有实效。据说实行三年之后，"秦人兴师，临于西河，魏士闻之，不待吏令，介胄而奋击之者以万数。武侯召吴起而谓曰：'子前日之教行矣。'"[3] 由此可见，吴起并不主张严刑峻法，而主张用奖励的办法激励士气。就这点而言，吴起是不同于后来商鞅的重

---

[1] 《吴子·励士》。
[2] 同上。
[3] 同上。

刑思想的。吴起之所以不主张严刑,大概是与他主张"修德"的思想有着密切的关系。

(2)修德。

《史记·本传》记载说:"武侯浮西河而下,中流,顾而谓吴起曰:'美哉乎山河之固,此魏国之宝也。'起对曰:'在德不在险。昔三苗氏左洞庭,右彭蠡,德义不修,禹灭之,夏桀之居,左河济(黄河、济水),右泰华(泰山、华山),伊阙在其南,羊肠(羊肠孤)在其北,修政不仁,汤放之。殷纣之国,左孟门,右太行,常山在其北,大河经其南,修政不德,武王杀之。由此观之,在德不在险。若君不修德,舟中之人尽为敌国也。'"这是说,国家的巩固不在于地势的险要,而在于行仁政德治。三苗氏、夏桀、殷纣王他们的国家地势都是很险要的,然而由于他们"德义不修"、"修政不仁"、"修政不德",一个个皆被灭掉了,可见国家的巩固"在德不在险"。吴起的这一"修德"思想与后来商鞅反对"修善"的思想有着很大的不同。吴起的这一思想来自儒家的仁政德治学说,这大概是他受了其老师曾申儒学思想影响的结果。据现存《吴子·图国篇》记载,吴起曾"儒服"而见魏文侯的。吴起早年曾受儒家思想的熏陶,他吸取了儒家思想的内容是不足为怪的。

关于修德的思想,在现存《吴子》中也有记载。《吴子·图国篇》说:

> 吴子曰:"昔之图国家者,必先教百姓而万民,有四不

和：不和于国，不可以出军；不和于军，不可以出阵（列阵）；不和于阵，不可以进战；不和于战（指打仗时士卒不协调），不可以决胜。是以有道之主，将用其民，先和而造大事。"

打仗要取得胜利，必须全国上下一致、全军上下一致、士卒作战时协调一致。这里必须强调一个"和"字，协和、团结一致，才是胜利的保证。以此君主要举大事，必须首先修德以亲万民。《吴子·图国篇》又说：

是以圣人绥（安定也）之以道，理之以义，动之以礼，抚之以仁。此四德者，修之则兴，废之则衰。故成汤讨桀夏民喜悦，周武伐纣而殷人不非，举顺天人，故能然矣。

用道、义、礼、仁四德来协和万民，修之四德则兴，废之则衰。所以，成汤伐桀、周武伐纣得到了人民的拥护，就是因为成汤周武修此四德，而夏桀殷纣废之的缘故。这一讲法基本上是与当时儒家思想大体一致的。

（3）爱兵。

吴起主张君主为政修德，以此他也主张将军在治军上也要修德。修德的具体内容就是将军要爱兵，爱护自己属下的士卒。吴起是位军事家，他在魏国带兵时以身作则，与士兵同甘苦共患难。《史记·本传》中记载说：

第三章 战国前期和中期法家学派的形成与勃兴

起之为将,与士卒最下者同衣食。卧不设席,行不骑乘,亲裹嬴粮,与士卒分劳苦。卒有病疽(疽,结成块状的毒疮)者,起为之吮(吮,用嘴吸)之,卒母闻而哭之。人曰:"子卒也,而将军自吮其疽,何哭为?"母曰:"非然也。往年吴公吮其父,其父战不旋踵,遂死于敌。吴公今又吮其子,妾不知其死所矣。是以哭之。"

吴起爱护自己的士卒,犹如爱自己的子女一样,从而大大地激励了士兵的战斗士气,皆乐意为吴起作战,直至牺牲自己的生命。以此吴起"尽能得士心"。确实,吴起的这种爱兵思想是应当称道的。

(4)捐不急之官,收封君子孙之爵禄。

吴起的这一主张,是针对冗官和旧贵族势力的。《史记·本传》说:"捐不急之官,废公族疏远者,以抚养战斗之士。"这一说法与《韩非子·和氏》中所讲吴起的思想基本上是一致的。《韩非子·和氏》说:

昔者吴起教楚悼王以楚国之俗曰:"大臣太重,封君太众,若此则上逼主而下虐民,此贫国弱兵之道也。不如使封君之子孙三世而收爵禄,绝灭(绝灭,陈奇猷说应作裁减)百吏之禄秩,捐不急之枝官,以奉选练之士。"

大臣的权势太重,分封的贵族太多,这样他们上可逼迫国君,下可作威于下民,这是一条贫国弱兵之道。吴起针对楚国当时这种情况，提出了三条措施：受封的贵族过三世而收其爵秩，使其子孙不得世官世禄；裁减百官的俸禄；免去不急的"枝官"（"枝官"即"冗官"，若树之枝可披落者，不披落反而不能养树，以此称为"枝官"，意即"冗官"也）。并主张把节省下来的钱财，用以培养战斗之士（"选练之士"）。这些措施可以说，既打击了旧贵族的势力，又节省了国家的财政支出，是一箭双雕的。

现存的《吴子》六篇主要记录的是吴起与文侯、武侯的对话语录，其时吴起很可能受到了李悝法家思想的影响。之后，吴起在楚国为相，大力推行变法，实现他的法家主张，造就了一个强大的楚国，最终为一批反对新法的旧贵族复辟势力所害。可见当时楚国新旧势力的斗争是十分激烈的。虽说吴起的法家思想形成于魏国，属于晋法家系统，但他又与李悝、商鞅有所不同。吴起由于早年师事曾申，接受了儒家思想的影响，所以他的法家学说中包含了较多的儒家思想成分，在这一点上李悝、商鞅思想中是不多见的，尤其是商鞅更是以反对儒家思想而著称。

第三节　商鞅的法家学说

在战国前期和中期，最有声望、最有影响的法家代表人物，莫过于商鞅了。历史上有名的商君变法已经永垂青史。商鞅在秦国的变法，奠定了秦国统一全中国的基础，同时也是使而后强大的秦王朝迅速走上灭亡的因素。商鞅是封建地主阶级出色的政治改革家。商鞅的名字与整个中国封建社会的形成和发展,有着不可分割的联系。

(一) 商鞅的生平

商鞅(公元前三九〇——前三三八年)姓公孙氏,名鞅,秦孝公时封于商邑,故称商鞅,号为商君。商鞅,卫国庶出公子,故亦称为卫鞅。战国中期人。鞅少好刑名之学,事魏相公叔痤,为中庶子(执掌公族)。公叔痤知道商鞅有才能而未得进用。正遇着公叔痤生病,魏惠王(公元前三七〇年继位)亲往问病,公叔乘此机会向魏惠王推荐商鞅,说:"公孙鞅,年虽少,有奇才,愿王举国而听之。"惠王默然无允诺。商鞅未被惠王纳用,待公叔死后,"闻秦孝公下令国中求贤者,于是商鞅西入秦"。其时当在秦孝公即位(公元前三六一年)之后。

商鞅入秦后,通过孝公宠臣景监的关系以求见孝公。当时,秦孝公接见商鞅前后四次:第一次商鞅说孝公以帝道(五帝之道),"孝公时时睡,弗听"。第二次商鞅说孝公以王道(三王之道),亦不中孝公之意。第三次说孝公以霸道,孝公才欲用商鞅,并约他第四次相见,相谈"数日不厌",两人情投意合,以此孝公重用商鞅实行变法。可见,孝公不欲帝王之道(即仁政德治的儒家之道),而信霸道,这正与商鞅的法家思想相合,所以孝公商鞅两人思想一致,能够在秦国实行最为彻底的变法运动。

当时围绕该不该变法的问题,商鞅与一些守旧派大臣,如甘龙、杜挚等人，曾发生了一场辩论。这一辩论在《史记·商君列传》和《商君书·更法》中皆有记载。《商君书·更法》说：

> 孝公平画，公孙鞅、甘龙、杜挚三大夫御于君，虑世事之变，讨正法之本，求使民之道。君曰："代立不忘社稷，君之道也。今吾欲变法以治，更礼以教百姓，恐天下之议我也。

这是说，孝公与公孙鞅、甘龙、杜挚讨论国家大事，孝公欲变法以治，然而又恐怕天下人议论自己，以此有顾虑。对此，商鞅发了一番议论，开导孝公说：

> 臣闻之，疑行无成，疑事无功，君亟定变法之虑，殆无顾天下之议之也。且夫有高人之行者，固见负（讥笑）于世；有独知之虑者，必见骜（诋毁）于民。语曰："愚者暗于成事，知者见于未萌。民不可与虑始，而可与乐成。"郭偃之法曰："论至德者不和于俗，成大功者不谋于众。"法者，所以爱民也；礼者，所以便事也。是以圣人苟可以强国，不法其故；苟可以利民，不循其礼。

在这里，商鞅论证了变法的合理性，认为"法"本是用来爱民的，"礼"本是方便做事的，以此只要能强国利民，就不必效法旧法制旧礼义，而应当实现变法改革。既然变法是合理的，也就不必顾虑天下人的议论，愚蠢的人只知"乐

第三章　战国前期和中期法家学派的形成与勃兴

成",只有聪明人才能考虑到事情的开始,并援引晋国的法家先驱郭偃的思想说:"至德者不和于俗,成大功者不谋于众。"以此来证明要实行变法就不必顾虑众人的议论。

对于商鞅的这番议论,甘龙、杜挚却不以为然。甘龙认为:"圣人不易民而教,知者不变法而治。因民而教者,不劳而功成。据法而治者,吏习而民安。今若变法,不循秦国之故,更礼以教民,臣恐天下之议君。"杜挚则说:"利不百不变法,功不十不易器。臣闻法古无过,循礼无邪。"这都是从因循守旧的立场反对变法的。对这些守旧派的议论,商鞅从社会历史皆是变化的观点,加以驳之。商鞅说:"三代不同礼而王,五霸不同法而霸。故知者作法,而愚者制焉;贤者更礼,而不肖者拘焉。"时代不同礼、法亦不同,聪明人懂得随着时代的变化而制定新的制度,只有愚蠢的人才受旧制度束缚住手脚。以此商鞅指出,既然礼、法是变化的,那么"前世不同教,何古之法?帝王不相复,何礼之循?"为此商鞅举例说:"伏羲神农,教而不诛,黄帝尧舜,诛而不怒。及至文武,各当时而立法,因事而制礼。礼法以时而定,制令各顺其宜,兵甲器备各使其用。"可见礼法随时而变,各个时代不一,因此不应提倡守旧法古。商鞅的最后结论是:"治世不一道,便国不必法古。汤武之王也,不修古而兴;殷夏之灭也,不易礼而亡。然则反古者未必可非,循礼者未足多是也。"秦孝公终于为商鞅的议论所说服,坚定了变法的信念,决定下令变法。这是一场守旧与革新的辩论,商鞅的理论是正确的,符合变革时代要求,以此商鞅取得了胜利。于是,秦孝公

"以卫鞅为左庶长，卒定变法之令。"① 其时当在孝公六年（公元前三五六年）。

商鞅在秦国实行封建地主制的变法，前后共两次。第一次即从孝公六年开始，根据《商君书·更法》所说，变法的第一个措施是公布"垦草令"，发展农业生产，鼓励开垦荒地。之后，又从经济、政治、军事诸方面实行全面的改革。最初变法令拟就后，尚未发布，商鞅"恐民之不信"，为了取信于民，"乃立三丈之木于国都市南门，募民有能徙置北门者予十金"，其初"民怪之"，无人敢搬迁，商鞅又下令说，"能徙者予五十金"，果有一人搬迁了三丈之木，于是如数发给此人五十金，以明其令"不欺"。如此取信于民之后，商鞅才正式公布变法令。变法令公布之后的第二年，秦国都中议论法令不便的有千数，他们不习惯于这些新的法令，致使秦国太子也犯了法。商鞅认为，"法之不行，自上犯之"。以此要依法惩罚太子，但太子是国君后嗣，不可施刑，于是刑其老师公子虔和公孙贾，处罚他们教育太子无方，以此秦人畏惧，大家都遵守变法令，"行之十年"，"秦民大悦，道不拾遗，山无盗贼，家给人足，民勇于公战，怯于私斗，乡邑大治"。

之后，又于公元前三五二年，秦孝公以商鞅为大良造（秦国当时的最高官职，掌握军政大权），将兵攻打魏国的安邑，大胜之。公元前三五〇年秦国迁都咸阳，商鞅于此年开始又实行了二次变法。这次变法尤其是实行废除旧的土地制

---

① 《史记·商君列传》。

第三章 战国前期和中期法家学派的形成与勃兴

度（废井田），允许土地买卖，从而从经济基础上较彻底地废除了旧制度，实现了封建土地制度。这次改革"行之四年"，太子的老师公子虔再次犯法，又依法处以劓刑。行之五年，秦国得到了富强，成为了战国时的第一等强国。

公元前三四二年，商鞅伐魏，破之。魏割河西之地献于秦以求和。魏惠王说："寡人恨不用公叔痤之言也。"商鞅既破魏还，秦孝公封鞅于於商两地十五邑，号为商鞅，其时当在三四〇年。

商君为相十年（指担任大良造以来十年），"宗室贵族多怨恨者"。有一人叫赵良的，曾劝商鞅学虞舜之道"自卑也尚矣"和老子的"自胜之谓强"的思想，认为商鞅为政不以德政，"残伤民以峻刑，是积怨畜祸也"，以此警告商鞅，立即悬崖勒马，不然则"亡可翘足而待"。"商鞅不从"。

公元前三三八年五月，秦孝公卒，太子秦惠文王继立。公子虔之类告商君欲反，"发吏捕商君"，商君逃至魏国，魏人不纳。复返秦，"走商邑"，与其徒属发邑兵北击郑，秦发兵攻商君，杀之于郑渑池，车裂商鞅，并灭其全家。商鞅与吴起一样，都是时代的变革者又都为贵族复辟势力所杀，这是历史的悲剧。但秦国从此走上了富强之路，进而奠定了秦国统一中国的经济政治基础。秦国的富强与商鞅的名字是分不开的。①

---

① 《史记·商君列传》。

（二）商鞅变法

商鞅在秦国前后进行了两次变法。这两次变法涉及经济、政治、军事、行政组织等等诸多方面的内容，涉及社会的各个领域。我们现在把它总结起来，大致可分为如下几方面：

（1）"连坐法"。

此法令的内容是："令民为什伍，而相牧司连坐。不告奸者腰斩，告奸者与斩敌首同赏，匿奸者与降敌同罚。"①这叫"连坐法"。具体内容是把民户以五家为"伍"，十家为"什"地组织起来，一家有罪九家举发，若不纠举，则十家同坐。不告奸者严刑重处（腰斩），告奸者与战场上斩敌一样同赏。这种连坐法又与赏罚制度结合了起来，这样就把全秦国的人民控制在法网之中，每一家每一人的行为都处在严密监视之下。这一连坐法钳制人民确实是强有力的，尔后的封建社会中不少统治者都利用这一组织形式，并进一步发展成为后来的保甲制度，以防止人民的反抗和不轨行为的产生。

（2）推行小家庭制度。

此法规定："民有二男以上不分异者，倍其赋。"② 这是实行小家庭制度。这一措施是符合当时小农经济发展的要求

---

① 《史记·商君列传》。
② 同上。

的。鼓励兄弟分居，另立户籍，不然就要增加一倍的赋税。这一小家庭制度，当时是对原有的宗法式的大家庭制度的一个突破。这样就能更好地激励小农的生产积极性，提高劳动生产率，同时也加速了土地私有化的进程。

（3）奖励军功，禁止私斗。

其法是："有军功者，各以率受上爵；为私斗者，各以轻重，被刑大小。"① 这是一条鼓励军功，禁止私斗的措施。为国立军功的人，各以其军功的大小次序接受爵位。为个人私家打架斗殴的人，按其情节的轻重处以刑罚。这对于世官世禄的旧制度亦是一个莫大的打击。商鞅主张："富贵之门，必出于兵。是故民闻战而相贺也，起居饮食所歌谣者，战也。"② 这样的措施能使得民乐于战斗，为国效力。同时也能使得军队中的指挥官们皆能有实战的经验，因为他们都是以建立军功起家的。

（4）重本抑末。

本指农业，末指工商业。"僇力本业，耕织致粟帛多者复其身。事末利及怠而贫者举以为收孥。"③ 这是鼓励发展农业生产的措施。封建经济以农业为本业，以工商为末业。以此，商鞅鼓励耕织，主张重本抑末，种田织布好的可以免除其徭役（复其身），而从事工商且又懒惰而贫劣者，则可收为官奴。

---

① 《史记·商君列传》。
② 《商君书·赏刑》。
③ 《史记·商君列传》。

(5) 打击宗室贵族。

商鞅规定:"宗室非有军功论,不得为属籍。"① 这一措施是针对旧贵族的。商鞅主张,贵族而没有军功的,则除去其爵籍。这样实际上也就废除了贵族的世袭特权。这是对旧贵族的一次沉重的打击。

(6) 维护爵秩等级制。

其法是:"明尊卑爵秩等级,各以差次名田宅,臣妾衣服以家次。有功者显荣,无功者虽富无所芬华。"② 这是说,按照爵秩的等级占领田宅,臣妾的衣服穿戴也要按照其家爵秩的等级规定,不得僭制逾等。这是为了显耀有军功的贵族,而无军功的虽家庭富裕却无荣华显贵。

以上基本上是第一次变法的内容。

商鞅第二次变法的内容是:

(1) 令民父子兄弟同室内息者为禁③。

这是对第一次变法"民有二男以上不分异者,倍其赋"的进一步发展。这一法令是禁止父子兄弟同居,必须分居而立,这就不仅是倍其赋税了。这是用法令强制实行小家庭制度,这是对旧有的宗法制大家庭制度的一个重大的打击。

(2) "集小(都)乡邑聚为县,置令、丞,凡三十一县"④。

这是重新调整行政区划,建立县制,设县令、丞的行政

---

① 《商君书·商君列传》。
② 《史记·商君列传》。
③ 同上。
④ 同上。

官吏。这就废除了旧时的分封世袭制。县官由中央委派,权力集中到了中央政府。这是加强中央集权的一个重要措施。

(3)"为田开阡陌封疆,而赋税平"①。

颜师古说:"阡陌,田间之道也。南北曰阡,东西曰陌。"② 阡陌封疆,是指原来井田上的疆界。开阡陌封疆,就是铲除井田上的这些疆界,破除井田制。所以,《汉书·食货志》说:"秦孝公用商君,坏井田,开阡陌。"就是说的这个意思。这就是用法令的形式公开宣布废除井田制,实行土地私有制,一律按照土地的数量大小来征赋税。据《史记·六国年表》所载,秦国于公元前三四八年实行"初为赋",这正是商鞅第二次变法期间。由此可见,"初为赋"是废除了井田制度实行了土地私有制之后的产物。也由于一律要求按照土地的数量大小和质量好坏来征税。所以说"开阡陌封疆",就能做到"赋税平"。这是一次土地制度的根本性变革,它对而后整个封建社会的土地制度具有巨大的影响。既然土地实行了私人所有,即可在封建社会中进行土地的买卖转让。以此《汉书·食货志》说:"(秦)用商鞅之法,改帝王之制,除井田,民得买卖,富者田连阡陌,贫者亡立锥之地。"土地允许买卖的结果,必然在历史上会造成土地集中于少数富人(地主)之手,而大多数人则会失去土地成为穷人。这样两极分化及其两极的斗争,也就成为了我国封建社会中经济、政治

---

① 《史记·商君列传》。
② 《汉书·食货志》注引。

斗争的主要内容。而这一中国封建社会的基本特征，则是与商鞅变法有着密切联系的。

（4）"平斗桶权衡丈尺"①。

斗桶，容积的量器。权衡，重量的量器。丈尺，长度的量器。这是把秦全国的度量衡统一起来的措施，统一度量衡方便交换，可以促进生产的发展。

商鞅的这些变法措施，从经济基础上比较彻底地奠定了秦国的封建的土地所有制，从政治上加强了中央君主集权的统治，并从发展农业生产加强军事力量两个方面，加强了秦国的国力。所有这些富国强兵的政策，使得本来后进的秦国，一跃而成为战国时期最先进的一等强国，为后来秦国统一全国奠定了坚实的基础。

（三）商鞅的法家学说

商鞅不仅是位法家的政治改革家，而且是一位较早的法家理论家。如果说在商鞅以前的法家人物，如李悝、吴起等人，尚缺乏法家理论学说的话，那么商鞅比这些法家人物又进了一步，开始建立自己的法家理论，并从多方面阐说了自己的法家学说。他继承并发展了李悝等人的法家思想。他的学说是对晋法家的一次总结。

（1）重农思想。

商鞅认为治国要治根本，要使国家富强起来，最根本的

---

① 《史记·商君列传》。

就是要发展农业生产，所以农业是根本、本业。以此商鞅说：

> 今为国者多无要。朝廷之言治也，纷纷焉各相易也。是以其君惛于说，其官乱于言，其民惰而不农。故其境内之民，皆化而好辨乐学，事商贾，为技艺，避农战。如此（亡国）不远矣。……夫农者寡而游食者众，故其国贫危。①

这意思是说，现在国家的统治者们大多治国抓不住要领。朝廷中官吏们提出的治国议论很多，都想用自己的治国办法代替别人的办法。所以，国君常常为他们所迷惑，不知什么办法为好。官吏们竞于言论，老百姓则懒于务农。这样老百姓都喜欢辩论、念书、做买卖、为工技，而逃避农战。这样的国家离亡国也就不远了。一个国家从事农业劳动的人少，而游食的人多，这样的国家没有一个不贫困危殆的。所以，治理国家，要使国家富强，最根本的一件事就是要使老百姓安心于务农。以此商鞅说：

> 圣人知治国之要，故令民归心于农。②

使民归心于农，对国家的好处至少有以下两点：
① 使民归心于农，能促进农业生产，多打粮食，使国富

---

① 《商君书·农战》。
② 同上。

兵强。一民于农可使老百姓尽力于农耕而不偷懒，这样就能充分地发挥土地的效率，达到增产多打粮食的目的，而国家的富裕和军队的强大也是不能离开粮食的。不然的话，大家都去巧辞游说，从事商贾技艺，成为游食之民，"民以此为教，则粟焉得无少，而兵焉得无弱也"。① 所以说："游食者众，故其国贫危。"

②使民归心于农，可使民敦厚朴实，为国家所用。商鞅说：

归心于农，则民朴而可下也，纷纷则易使也，信可以守战也，壹则少诈而重居，壹则可以贯罚进之，壹则可以外用也。夫民之亲上死制也，以其旦暮从事于农。夫民之不可用也，见言谈游士事君之可以尊身也，商贾之可以富家也，技艺之足以糊口也。民见此三者之便且利也，则必避农。避农，则民轻其居。轻其居，则必不为上守战也。凡治国者，患民之散而不可抟（专一）也，是以圣人作壹，抟之也。②

这是说，老百姓安心于农业，就可成为朴素诚实的农民。农民努力耕作则可容易为上所使唤，有了诚信的品德则可用他们来"守战"。专一务农就很少会耍欺诈，土地是不可搬徙的，所以农民安于在自己的土地上耕作而不随便搬迁。这样

---

① 《商君书·农战》。
② 同上。

第三章　战国前期和中期法家学派的形成与勃兴

就可用赏罚来劝励他们务农，亦可用他们来为国家效力。民之所以能服从君上和国家制度，就是在于他们"归心于农"的结果。而老百姓之所以不肯为国家出力，这是由于他们看到言谈游士事君可以尊荣，从事商贾可以发家致富，做技艺可以糊口过日子的缘故。以此他们逃避农业，游离都市，而不安土重居，这样的人就不愿为国家守战。所以凡是善于治国者，皆患老百姓游散而不一于农。

从商鞅的这一番议论来看，他认识到了农民的朴素诚实的品德，这确是我国农民传统的优良美德。这一品德之形成，也确是与农民世代从事农业生产，安土重居有关的，是我国传统小农经济的产物。但农民的这一品德是朴素的、单纯的，所以也就容易为统治者所利用，成为老实听话顺从上司的顺民。商鞅也正是利用了这点，使农民为当时新兴地主阶级国家服务的。

至于采取怎样的措施，才能使民安心于农业呢？商鞅说：

> 凡人主之所以劝民者，官爵也；国之所以兴者，农战也。今民求官爵皆不以农战而以巧言虚道，此谓劳民。劳民者其国必无力，无力者其国必削。[①]

为此商鞅主张用官爵来奖励农业生产，凡是要求得官爵的，只有通过农和战两事，"民见上利之从壹空出也"，

[①] 《商君书·农战》。

即从农战而获得,以此老百姓就会一心于农耕。为此商鞅还颁布了"垦草令"。"垦草令"是商君变法中的第一个法令。这也可见,商鞅对农耕的极端重视。垦草令中提出了要使农民积极垦草种田,必须要禁抑邪官谋私利干扰农耕,禁抑游惰之民,禁抑商贾谋裕利等等。这也就是说,只有抑制了末业,才能使农业得到百姓的重视,而使民安心于农耕。

(2) 重战思想。

在古代的农业社会中,要想达到富国强兵称霸天下的目的,其办法第一是重农,第二就是重战(对战争对军队建设的重视)。富国靠农,强兵靠战,所以商鞅往往总是把农与战连在一起来加以考虑问题的。以此《商君书》中不仅专门有《农战篇》集中讨论了农战问题,而且几乎在全书的每一篇中也都贯彻了重农重战的思想。商鞅说:"国得农战而安,主得农战而尊。"① 国之安,主(君主)之尊,皆离不开农战。以此一个国家,尤其在战乱的年代,要使自己的国家兴旺发达,立于不败之地,就不能离开农与战。这里的战当时主要是指国与国之间的武力相争。如果一个国家没有强大的军队,自然这个国家必在战争中失败。以此商鞅主张重兵,主张要培养战斗的士,而反对好言谈而不能打仗的游说之士。商鞅说:"诗书礼乐善修辩慧,国有十者上无使守战,国以十者治,敌至必削,不至必贫。国去此十者,敌不敢至,虽至必却(退

---

① 《商君书·农战》。

第三章 战国前期和中期法家学派的形成与勃兴

也），兴兵而伐必取，按兵不伐必富。"① 这是说，国家有了读诗书礼乐的游说之士，则国家就不能守战。如果国家靠读书游说之士来治理，则敌人打来了必失败而削地，就是不打来，国家也必会贫困。以此要富国强兵必须去掉这些谈书好言谈的人。这是商鞅的轻文（文治）重武（武备）的思想表现。商鞅认为，一个国家强弱主要取决于"兵"，"战事兵用日强，战乱兵息而国削"。② 以此商鞅特别重视在秦国建立强大的军队，并用奖赏的办法来激励士气。为此商鞅颁布了"有军功者，各以率受上赏"的法令，主张"富贵之门，必出于兵"，使"民闻战而相贺"，"喜兵而乐战"。

商鞅不仅重视军队建设，而且对"战法"也加以研究。在现存的《商君书》中还保留了《战法》、《兵守》等篇讨论了兵法问题。《战法篇》认为，"凡战法必本于政胜"，战争的胜负首先在于政治搞得好不好，政治搞得好上下一意，则老百姓"怯于邑斗（或作私斗），而勇于寇战（与敌国相战）"，就能取得胜利。又认为战争的胜负是可以预测先知的：如果自己国家的政治搞得不如敌国则不应与他相战，如果自己的粮草不如敌国，则不应久战；敌国兵力众多，我则不应主动进攻，敌国各方面都不如自己，则我采取进攻而勿疑。可见战争必须谨慎从事，不可盲动。以此商鞅说："故曰：兵大律在谨，论敌察众，则胜负可知也。"③ 商鞅的这种胜负可以预

---

① 《商君书·农战》。
② 同上。
③ 《商君书·战法》。

测的思想,是与《孙武兵法》中胜负可以先知的思想一脉相承的。商鞅在《兵守篇》中则讨论了守战的问题,提出了"四战之国贵守战,负海之国贵攻战"的思想。这是因为四面受敌,就得分兵把守,分散了自己的兵力的缘故。所以,"四战之国""务在守战",而不可"贵攻战"。

(3)重法思想。

商鞅是法家的一位重要的代表,他与其他法家人物一样,十分重视法治,主张赏功罚罪,用"法"来治理国家。商鞅并把李悝的《法经》从魏国带到了秦国,在秦国推行法治。商鞅认为"行赏"和"用法"(赏功罚罪)是为治之本。他在《错法篇》中说:

古之明君,错法而民无邪,举事而材自练,赏行而兵强,此三者治之本也。

颁布法令,法律公开条令分明,老百姓就能按照法律办事而不做邪辟之事。办事做到功过分明,老百姓就能充分发挥自己的才能。用爵禄来奖励士兵,军队就能强大。以此赏罚分明,按法办事,这是君主治国的根本。商鞅又认为:"人情好爵禄而恶刑罚",以此"人君设二者"而驾御老百姓。这样"民力尽而爵随之,功立而赏随之,人君能使其民,信于此如明日月,则兵无敌矣"。① 为此商鞅提出了"壹赏、壹

---

① 《商君书·错法》。

刑、壹教"的主张。所谓"壹赏者"，即是利禄官爵皆出于士兵之效力立功，这样"智愚贵贱勇怯贤不肖，皆尽其胸臆之知，竭其股肱之力，出死而为上用也"。① 所谓"壹刑者"，即是指"刑无等级，自卿相将军以至大夫庶人，有不从王令，犯国禁，乱上制者，罪死不赦"，② 即所谓"一断于法"。所谓"壹教者"，即是要使民懂得"富贵之门，要存战而已"，只有"能战者"才能"践富贵之门"的道理。以此商鞅说："当壮者务于战，老弱者务于守，死者不悔，生者务劝。此臣之所谓壹教也。"③ 可见商鞅所说的教化，并不是儒家所讲的道德教化，而是指的"壹赏"、"壹刑"的内容，因此他反对"博闻、辩慧、信廉、礼乐、修行"等所谓的"教化"。

综上所述，我们可以把商鞅的重法思想归结为"赏"与"刑"两个字。赏功与刑罪，是整个法家学派的共同主张。但商鞅的思想又有不同于一般法家的特点。在如何实现"赏"和如何实现"刑"时，商鞅提出了一个很不一般的观点，他主张"赏轻刑重"，即赏要少、刑要重的思想。"赏"要做到"不费"，尽量少赏而能收到成效，决不能滥赏、错赏。"民不死犯难，而利禄可致"，这是赏滥了。赏不当赏，则赏行"而国贫焉"。这样的赏不仅没能得到实效，而且反而害了国家。所以"赏必加于其功"，"功赏明，则民竞于功"，这样行赏才能收到成效。行赏的作用在于"勇民使以赏则死"。但"富

---

① 《商君书·赏刑》。
② 同上。
③ 同上。

者"不得以赏,赏则淫,以此"富者"要"损之以赏",所以"赏"要轻而不应重。与"赏轻"相反,刑罚则要重。商鞅说:"王者刑九赏一,强国刑七赏三,削国刑五赏五。"① 王霸之国必是赏少而刑多,削国亡国则赏多而刑少。商鞅更提出了用刑要"重其轻者"的主张。商鞅说:"以刑去刑国治,以刑致刑国乱,故曰:行刑重轻,刑去事成,国强。重重而轻轻,刑至事生,国削。"② "以刑去刑",以刑罚来除去犯罪的行为,这样国家就能治理。"以刑致刑",以刑罚来招致人犯罪,这样国家就混乱。用重刑来惩罚轻罪,就能除去犯罪行为而使国家得以强盛。如果用重刑治重罪、轻刑治轻罪,这样的行刑,犯罪的事就会继续产生,国家将会削弱。为什么会是这样呢?商鞅提出了自己的道理,并加以论证说:

治之于其治则治,治之于其乱则乱,民之情也。治其事也乱,故行刑重其轻者,轻者不生,则重者无从至矣。此谓治之于其治也。行刑重其重者,轻其轻者,轻者不止,则重者无从止矣。此谓治之于其乱也。故重轻则刑去事成,国强。重重而轻轻,则刑至而事生,国削。③

用治的道理来治理,国家能得到治;用乱的道理来治理,国家就会乱。治就是为了治乱,所以用重刑来治轻罪,轻罪

---

① 《商君书·去强》。
② 同上。
③ 《商君书·说民》。

就不会产生，重罪也就无从由来。这是用治的道理来治理国家的。如果用重刑治重罪，轻刑治轻罪，这样犯轻罪的不会停止，重罪也无从止息。这是用乱的道理来治理的结果。所以，重其轻者则能事成国强，反之则国削。这是一种严刑峻法的理论，所谓以严刑去刑的思想。商鞅的这一番议论似乎有一定的道理，轻罪重刑，似乎能产生巨大的威慑力，而使老百姓不敢犯罪，从而最终达到了爱护老百姓的目的。所以，商鞅说："刑生力，力生强，强生威，威生惠。惠生于力。"①刑能生出强大的威力，威力能生出恩惠来。商鞅的最后结论是："重罚轻赏，则上爱民，民死上。重赏轻罚，上不爱民，民不死上。"② 轻罪用重刑是体现了"上爱民"的思想的。这种说法似乎也符合逻辑。但严刑峻法对广大人民来说是一个莫大的灾难。它成了法家推行残酷政治的理论基础。这一高压政策在战乱的年代，在一定的时期中，能起到暂时稳定社会秩序的作用。但在和平的时期要想在长时期中起到稳定社会作用则是不可能的，广大的人民是忍受不了的。压力越大，反抗越烈，这是一个自然的规律。这也就决定了法家的统治只能是短暂的，而不可能是久长的。

（4）重君权思想。

法家在国家政治体制上，主张君主集权。商鞅在《商君书·修权篇》中专门阐述了这一思想。他说："国之所以治者

---

① 《商君书·去强》。
② 同上。

三：一曰法，二曰信，三曰权。法者君臣之所共操也，信者君臣之所共立也，权者君之所独制也。人主失守则危，臣释法任私必乱，故立法明分而不以私害法则治，权制独断于君则威，民信其赏则事功成，信其刑则奸无端。惟明主爱权重信而不以私害法。"① 法是君臣都要共同遵循的，信是君臣都要建立的，而权是君主所独揽的。人主失守了权就会危亡，大臣们抛弃公法而任私意国家则乱。所以，大臣不得以私害法，权制必须独断于君，大权集中于君主一人手中。这实就是主张君主集权、君主专制主义。当然，君主集权并不是君主一人可以任意地主宰国家，他除"爱权"建立自己的权威之外，还得"重信"，对臣下讲信用，并按照"法"来办事，自己也不得"以私害法"。

国家的君主具有莫大的权力，所以君主的言行对国家的治乱具有十分重要的作用。因此贤明的君主必须明察秋毫，不能为臣下所蒙蔽和欺骗。商鞅说："明主不蔽之谓明，不欺之谓察。"贤明君主必须能使"臣不蔽主，而下不欺上"。② 君主要做到这点，关键在于"任公法而去私议"。商鞅考察了当时一些国家之所以混乱的原因说："世之为治者，多释（抛弃）法而任私议，此国之所以乱也。"③ 以此"先王悬权衡立尺寸而至今，法之其分明也。夫释权衡而断轻重，废尺寸而意长短，虽察商贾不用，为其不必也。夫倍法度而任私议，

---

① 《商君书·修权》。
② 同上。
③ 同上。

第三章　战国前期和中期法家学派的形成与勃兴

皆不类者也。"① 权衡尺寸皆是度量的标准，无权衡则不可称轻重，无尺寸则不可量长短，无标准而凭主观度量就会出差错，所以商人们都不这样做。同理，治理一个国家也应有个标准，这个标准就是国家颁布的"法"，以此决不能抛弃法度而任凭私议，"释法"而"任私"是决不能治好国家的。因此，君主治国必须"任法"。"凡人臣之事君也，多以主所好事君，君好法则臣以法事君；君好言则臣以言事君。君好法则端直之士在前，君好言则毁誉之臣在侧。"② 大臣们皆看着君主的喜好行事，君主好法，大臣们亦好法，君主好言，大臣们亦好言。在这里对君主而言有一个"公私"问题，君主按照国家颁布的法办事这是出于公心，如果君主以自己的好恶行事这就是出于私心。作为一名贤明之君主必须能任公而去私。商鞅说："公私之分明，则小人不疾贤，而木肖者不妒功。"这是因为一切都按照公法来办事的，办事是公道的。以此明主践君位，只是"为天下"，而不是"私天下之利"。"尧舜之位天下也，非私天下之利也，为天下，位天下也。……三王以义亲，五霸以法正诸侯，皆非私天下之利也，为天下治天下。是故擅其名而有其功，天下乐其政而莫之能伤也。"③ 商鞅在这里所提出的公私观，是以"法"为标准的，按照法行事为公，背公凭私意谋私利为私。而当时国家的法是统治阶级即封建地主阶级的国家所立的法，反映的主要是

---

① 《商君书·修权》。
② 同上。
③ 同上。

地主阶级的私利,而不是天下人的公利。从这一意义上说,商鞅的公私观仍然是狭隘的,他所说的"公"不过是地主阶级一个阶级的私利而已。但我们也应看到对一个君主集权的国家而言,提出"公私之分"和"任公去私"之说,是对集权的君主的一个很大的限制,它要求君主以国家利益为重,克私奉公,这对当时的社会来说,是具有很大的现实意义和价值的,并对尔后的整个封建社会的国家政权的建设,亦具有重要的指导意义。

(5) 对儒学的批评。

儒家与法家这两派在其思想体系上有着重大的分歧。儒家以德教为主,辅之以刑治。法家主之以法治,用赏罚二柄,而反对德教。这是两条不同的治国路线和方法。正由于两者思想体系的不同,从而产生了儒法两个学派的对立。这种分歧和对立早在儒家创始人孔子的思想中已经有所反映。从维护贵贱等级秩序的礼制出发,孔子主张礼治和德教,认为德教优于刑罚。孔子说:"道之以政,齐之以刑,民免而无耻;道之以德,齐之以礼,有耻且格。"[①] 这是说,用行政命令来治理老百姓,用刑罚来整治老百姓,老百姓虽能做到避免犯罪,却不知道犯罪是可耻的道理。用德教来化育老百姓,用礼来要求老百姓,老百姓就会有羞耻之心,而且能自己端正行为。所以,孔子主张德教而辅之以刑治,认为道德教化能使人"心悦诚服",刑治则不能,以此德教优于刑治。但道德

[①] 《论语·为政》。

第三章　战国前期和中期法家学派的形成与勃兴

的教化不是一时一地就能奏效的，需要长时期的努力，需要几代人的教育和修养，在当时战乱的年代，似不能解决问题。以商鞅为代表的法家认为德教无益于治，主张用强有力的马上奏效的办法来解决问题，用"以刑法去刑"的办法来治理社会。这就是用行政的命令，颁布法令、法律，用强制的手段来统一老百姓的行为，推行富国强兵的政策。儒家所主张的道德说教遭到了法家的批评。

商鞅从富国强兵和任力不任德的思想出发，认为儒家的德教至少有这样一些弊端：

①儒家的教化不能富国强兵。商鞅认为富国强兵靠的是"农战"两件事，而儒家教人务学诗书以避农战而求官爵，"民以此为教，则粟焉得无少，而兵焉得无弱也。"① 儒教培养的是一批"好辩乐学"而"不战不耕"的游食之徒，游食之民众则必耕战之民少，其国则必"贫而弱矣"。

②儒家的教化不能使民风淳朴。商鞅认为，儒家教人"贵学问"，民有了学问就好与外界结交，就会使民失去原有的愚朴，失去了愚朴就不会安心干农耕。以此，只有除去儒家的学问教化，才能使民风淳朴。为此商鞅说："民不贵学则愚，愚则无外交，无外交则国勉农而不偷。"② 民无学则愚，愚则能尽力于农耕。这实际上是商鞅的愚民政策，为的是要把农民牢牢地捆绑在小块土地上，过着封闭的小农生活安心

---

① 《商君书·农战》。
② 《商君书·垦令》。

地为地主阶级的国家缴租税、服劳役。

③儒家教化不足以治天下。商鞅认为，治理天下不能靠仁义教化，不能用仁义来感化人，治理社会靠的是"必然之理"和"莫敢不为"之法令。商鞅说："圣人知必然之理，必为之时势，故为必治之政，战必勇之民，行必听之令，是以兵出而无敌，令行而天下服从。"[1] 国家颁布的政令，老百姓必须执行，作战时老百姓必须勇敢，号令必须听从。之所以能使老百姓"不敢不为"，靠的是"法"，法能使令行禁止。以此商鞅主张"贵法不贵义"。以法制民，就能做到"如以高下制水"，造成一种必然之势和必胜之理。而儒家讲仁义则不然，"仁者能仁于人，而不能使人仁；义者能爱于人而不能使人爱"。[2] 讲仁义的人虽说自己能做到仁爱人，但无法使人必然能做到仁爱人。所以，商鞅的最后结论是："是以知仁义之不足以治天下也。"[3]

儒家的教化是国家贫穷乱亡的根源。商鞅认为儒家的教化是国家贫穷乱亡的根源。以此商鞅把儒家的教化比作为人身上的虱子，是有害无益的寄生虫。商鞅在《说民篇》中说："辩慧，乱之赞也。礼乐，淫佚之征也。慈仁，过之母也。任举，奸之鼠也。"这是说，好辩聪慧是乱的佐助，礼乐是淫佚的迹象，慈爱仁义是产生过失的根源，任能举贤能使奸伪流行。以此商鞅接着说："国有八者，上无以使守战，必削至

---

[1] 《商君书·画军》。
[2] 同上。
[3] 同上。

亡。国无八者，上有以使守战，必兴至王。"这里的辩慧、礼乐、慈仁、任举，皆与儒墨两家有关。辩慧则民不愚不纯朴，礼乐虱官生则民不耕战"必削国"，慈仁不足以治国。至于任举（任能举贤），君主很可能上当受骗，"听其言也，则以为能，问其党则以为然"，① 这样就有可能"使污吏有资（凭借）而成其奸险，小人有资而施其巧作"。② 所以，商鞅主张明主治国"任法而不任贤"一律按照法来赏罚臣民，立功者受赏，犯罪者重罚。商鞅认为，这样可以避免以言谈选拔官吏的弊病。

既然儒家的教化是国家贫穷乱亡的源，为此商鞅认为儒家所宣杨的这些道德教化，都是有损于农战，违背了富国强兵的政策的，因为这些道德教化，既不能多打粮食，也不能增强兵力，它们的作用只能是"削国"和"贫国"。这就完全否定了道德的社会作用，追求狭隘的功利主义思想，是一种非道德主义。道德是在无形中起着潜移默化、移风易俗的作用的。它的作用很可能暂时看不出来，要在一个较长的过程中才能表现出来。一个社会的生存与发展是不可能没有道德教化的。商鞅站在急功近利的立场上，只看到目前的利益而没有考虑到长远的利益，而得出了否定道德的结论。这种观点是十分狭隘片面的。商鞅虽然也讲"教化"，也讲"文武"两手，但他所说的"教"并不是道德教化，而是教人"一于

---

① 《商君书·慎法》。
② 同上。

农战",他所说的文武两手,其实只是一手,所谓"凡赏者文也,刑者武也。文武者,法之约也",① 文武两者不过是一个按法赏罚而已。

(6) 历史进化观。

商鞅主要是一位政治思想家,他对哲学理论问题并没有多加阐说。只是与其政治上主张变法相联系,商鞅在《开塞篇》中提出了一个反对保守复古思想的社会历史进化学说,应当说,商鞅提出的历史进化学说,在当时来说,是一个十分新颖的思想。在商鞅以前的一些大思想家,如老子、孔子、墨子等人那里,他们都受到了传统思想的影响,皆认为古代胜于今世,社会是倒退的,以此主张效法古代。商鞅在中国历史上则第一次提出了与传统相反的观点,认为社会是变化的,不同的时代有着不同的制度,当今之世不应效法古代,而应随时而立法。

商鞅考察了人类社会历史的演变,他把生民以来人类的历史发展划分成如下的几个阶段:

> 天地设而民生之。当此之时也,民知其母而不知其父,其道亲亲而爱私,亲亲则别,爱私则险,民众而以别险为务,则民乱。当此时也,民务胜而力征。
>
> 务胜则争,力征则讼,讼而无正,则莫得其性也,故贤者立中正设无私,而民说(悦)仁。当此时也,亲亲废上贤

---

① 《商君书·修权》。

第三章 战国前期和中期法家学派的形成与勃兴

立矣。

凡仁者以爱为务，而贤者以相出为道，民众而无制，久而相出为道则有乱，故圣人承之，作为土地货财男女之分，分定而无制不可，故立禁。禁立而莫之司不可，故立官，官设而莫之一不可，故立君。既立君，则上贤废而贵贵立矣。

然则上世亲亲而爱私，中世上贤而说仁，下世贵贵而尊官。①

这是商鞅所提出的社会历史演变的"三世"，即三阶段说。上世属天地生民以来的初民时代，其时民只知其母而不知其父，相当于母系氏族社会。其社会的特点是"亲亲而爱私"，以自己的亲族为亲，以此有爱亲之私。中世亲亲废而上贤立，破除爱亲之私，设立治理社会的公共标准以贤人治理社会。这一时代，相当于以亲族为亲的母系社会的衰亡，让位于选贤举能的时代，相似于进入男系氏族社会。其时的特点是社会崇尚贤能之士，人与人之间讲相亲相爱。下世贵贵而尊官，这一时代相当于进入了有君臣关系的官僚制度的阶级社会。这时确立了土地财产的私人所有制。其社会的特点是"贵贵而尊官"，以官为尊，以贵族为贵。

至于上世、中世、下世三世演变的原因为何呢？商鞅认为这完全是由当时社会的"时势"所造成的。上世"亲亲而爱私'，亲亲则有亲疏之别，爱私则民容易走上偏险，以此造

---

① 《商君书·开塞》。

67

成了民乱,民各务力而争胜,从而有了诉讼。诉讼就必须立标准,以此贤人起来建立标准,一切诉讼都按照一定的准则处置,这样就能做到大公无私。这样,上世的"亲亲爱私"就被废除了,代之而起是中世的"上贤而说仁"。贤者"以相出为道",贤人之间互相递换,其间没有一定的制度的约束,时间长了就产生了争乱。以此圣人作"土地、货财、男女之分",确定了财产所有制和男女等级制,并制定了相应的一系列制度以约束之。然而建立制度还得要有官吏来执行,从而又设置了诸多官职。为了统一诸多的官吏的行为,最后建立了最高的国家统治者君主。有了君主,有了官吏,从而"上贤废而贵贵立矣",中世也就演进为下世。下世尊崇君主尊崇贵族和官吏,不再崇尚贤士。由此可见,上世、中世、下世三世的演进,完全是当时社会的"时势"所造成的,这里并没有什么天命和天意。也不依一个人的意志为转移,而是社会发展的客观的时势所驱使的。所以,商鞅说:"立君者使贤无用也,亲亲者以私为道也,而中正使私无行也。此三者非事相反也,民道弊而所重易也,世事变而行道异也。"[①] 世事变了,治道也就要随之而变,这是一种必然的道理,人们是不可抗拒的。为此,商鞅提出了"不法古"的保守主义。商鞅说:

圣人不法古,不修今。法古则后于时,修今则塞于势。周不法商,夏不法虞,三代异势而皆可以王。故兴王有道而

---

① 《商君书·开塞》。

持之异理。

效法古代则落后于"时",遵循和停留于当今则堵塞了发展的趋势,这都是违背了社会发展的规律的。夏、商、周皆不法古,三代异理而皆可以王天下。以此当今之时,就不应法古,而应随时而立法。可见商鞅的社会历史进化观,为他实行经济政治改革,提供了一个有力的理论根据。

第四节　齐国法家的思想

在第一章中我们已经讲到,齐国最早的法家先驱人物是管仲。管仲相齐桓公,在齐国实行改革,富国强兵,使齐国"一匡天下,九合诸侯",称霸于天下。时至战国,于公元前四〇〇年左右田氏代齐,齐国的政权由姜姓转入田氏手中。齐本为西周初姜子牙(即吕尚、太公望)的封国。春秋时代齐国一度称霸之后,国力又渐衰弱,春秋末年齐国旧贵族更加重了对人民的压榨,出现了"民参(三)其力,二人于公,而衣食其一;公聚朽蠹,而三老冻馁"的局面。贵族田氏为了取代齐国的政权,用大斗出、小斗进的办法,争取到了人民的支持。周安王十一年(公元前三九一年)田和迁齐康公于海上,以此田氏完全掌握了齐国的政权。又于十六年(公元前三八六年)周安王正式承认田和为齐国国君。这就是历史上有名的"田氏代齐"事件。田氏代齐是齐国发展史上的一件大事。它标志着齐国旧贵族的没落和新贵族的夺取政治权力。田氏夺得齐国政权后,采取了一系列的改革措施,使齐国再度强盛了起来,成为东方的大国强国。其措施主要有三:一是发展农业生产。如齐威王(公元前三五六—前三二一年)时,用即墨大夫治即墨,做到了"田野辟,民人给",发展了生产,人民物质生活充裕。二是修法律,推行法治。如威王重用邹忌为相,邹忌"谨修法律而督奸吏",严格地实行了法治。三是建立"稷下学宫",繁荣文化学术。稷下学宫是齐国的学术中心,在战国中期的思想界中发挥了十分重要的作用。它不仅推动了齐国的学术,而且促进了战国时代整个中国的学术文化的繁荣。甚至我们可以说,如果当时没有"稷下学宫"的存在,战国时期的百家争鸣将会黯然失色。正如钱穆先生所说:"扶植我国学术,使臻昌隆盛遂之境者,初推魏文,继则齐之稷下。"[1] 确实,战国时期学术繁荣是与齐国的稷下学宫分不开的。

稷下者,《史记·田敬仲完世家》的《集解》引刘向《别录》说:"齐有稷门,城门也,谈说之士期会于稷下也"。稷下学宫是指齐都城稷门下的学馆,是当时谈说之士荟萃之地。稷下学宫始建于田齐桓公时(桓公于公元前三七五—前三五七年)。徐干《中论》说:"昔齐桓公立稷下之官,设大夫之号,招致贤人而尊宠之。"如果这一说法没有错的话,稷下学宫的创始人应是田齐桓公。当时田氏代齐不久,为了巩固自己的政权,桓公田午招揽天下名士,礼贤下士,共同议政是

---

[1] 《先秦诸子系年考辨·稷下道考》。

第三章 战国前期和中期法家学派的形成与勃兴

很有可能的。之后田齐威王、宣王时稷下学宫发展到了全盛时期。《风俗通义》卷七《穷通》说："齐威、宣王之时，聚天下贤士于稷下，尊宠若邹衍、田骈、淳于髡之属甚众，号曰列大夫，皆世所称，咸作书刺世。"《史记·田敬仲完世家》则说："（齐）宣王喜文学游说之士，自如驺衍（即邹衍）、淳于髡、田骈、接舆、慎到、环渊之徒七十六人，皆赐列第，为上大夫，不治而议论。是以齐稷下学士复盛，且数百千人。"七十六人为上大夫，学士达数百千人，宣王时稷下学宫之隆盛已可想而知。其规模之大已相当于现代国家的一个国立研究院了。

稷下学宫的思想十分开放自由，它容纳了各家各派的思想，在学宫内部开展了百家争鸣。在稷下学士中有著名的儒家大师荀卿、孟轲（？），有阴阳五行家的主要代表人物邹衍，有道家的人物彭蒙，有法家人物慎到，有宋钘、尹文的宋尹学派和"学黄老道德之术"的田骈、接舆、环渊、慎到等等。这些学士皆有自己的言论或著作，他们所写的论文编纂成《管子》一书。《管子》书以管子命名，其实《管子》书中所记载管子本人的言行思想并不多，它实是稷下先生的论文总集。它包含有阴阳家的思想、儒家的思想、法家的思想、黄老道家思想等等。其中，尤以法家思想和黄老道家的思想为其主要内容。而法家与黄老道家的思想两者之间又有着十分密切的联系，它们都是田齐政权所倡导的思想，它们的思想自然也就成为了《管子》一书中的主要思想了。

71

（一）齐国稷下黄老学与法家的关系

黄老之学是从老子道家学派中分化出来的一支道家派别，它曾一度盛行于西汉初年，文景之治，即是用的黄老治国的方略。但黄老之学并不是西汉初年的产物，它产生较早。大约产生于战国中期，并与田齐政权有关。黄老之学的最初形态可能即是稷下黄老学派。稷下黄老学派这一名称，最初是由近人郭沫若先生提出的。他在《十批判书》中专门辟出了《稷下黄老学派的批判》一章，讨论了有关道家的一个分派稷下黄老之学的思想内容。

按照郭沫若先生所说，齐宣王的父亲齐威王，曾自称是"高祖黄帝，迩嗣桓、文"。[①] 黄帝是古代传说中的一位有作为的帝王。桓、文是指齐桓公和晋文公，皆是春秋时期的两位霸主，同时也是支持改革的两位法家先驱人物。可见齐威王是主张改革，倾心于法家思想和黄帝思想的。当时儒家推尊古代传说中的尧舜（孟子"口必称尧舜"），把尧舜当作古代圣人的标准。墨家则推崇大禹，颂扬大禹治水，为民兴利除害。对此，道家抬出了黄帝。黄帝既早于大禹，亦早于尧舜。相传黄帝曾与大臣岐伯等人讨论过养生、医学。这些传说似与道家思想有契合之处，道家既讲治国、为天下，又讲养生、长寿学。道家抬出了黄帝以与儒墨抗衡，但推崇黄帝的道家，已经不是春秋末年的陈国的老子道家，而是战国时

---

① 转引自郭沫若《十批判书》一五二页。

期的齐国的道家。确切地说，它已经是田齐政权下的道家，反映了田齐时代的思想。这一出现于齐国的道家，一般学术界把它称为"稷下黄老之学"。这是因为这些道家人物，一般都是推崇黄帝与老子的稷下先生。所以，《史记·孟子荀卿列传》说："慎到，赵人。田骈、接舆，齐人。环渊，楚人。皆学黄老道德之术，因发明序其指意。"赵国的慎到，齐国的田骈、接舆，楚国的环渊，他们都来到了齐国的稷下学宫，学习黄老道德之术，从而形成了一个很有影响的稷下黄老学派。

由于时代、地区的不同和所代表的阶级利益的不同，齐国的稷下黄老学与春秋末年的老子思想有很大的不同。黄老之学是经过改造了老子思想的产物。两者之间最大的不同是：老子思想反对儒家的礼治和法家的法治，对礼治与法治持批评态度。如老子说："礼者忠信之薄而乱之首。"又说："法令滋彰，盗贼多有"。老子对儒、法两家都进行了抨击。黄老之学则不然，既采纳了儒家的礼义，又吸收了法家的法治，黄老之学有一种综合各家长处的倾向，它兼包并蓄各家的思想，同时又以老子的清静无为思想为其主要的内容。黄老之学与儒、墨、法诸家相比，它很少具有学派的排他性。黄老之学的这一特点，正是田齐在稷下学宫所奉行的学术思想及学术政策的产物，所以黄老之学能够在齐国滋生，是有其一定的社会历史根源的。

关于稷下从事黄老之学的人物，现我们所知的主要是：

慎到既是一位黄老学者，又是一位著名的法家人物。《史记·孟子荀卿列传》说："慎到，赵人。……学黄老道德之术,……著《十二论》。"《庄子·天下篇》把彭蒙、田骈、慎到三人并提,其思想则属于道家,而《汉书·艺文志》则把慎到列入法家,著录《慎子》四十二篇。慎到很可能是从老子道家转变为黄老之学,再进而成为法家的。慎到思想对申不害、韩非皆有很大影响。申不害、韩非两人都是学本于黄老的法家,在这点上是与慎到相同的。

环渊 《史记·孟子荀卿列传》记载:"环渊,楚人","学黄老道德之术"。又说:"环渊,著上下篇。"《汉书·艺文志》著录:"《蜎子》十三篇。"班固自注:"名渊,楚人,老子弟子。"渊或即环渊。钱穆在《先秦诸子系年》中有"涓子即环渊"的考辨,同时他又有"环渊即关尹"的考辨。郭沫若亦有此说。但环渊是稷下学者,而关尹并不是稷下学士,所以两者并非一人。至于郭沫若认为,环渊所著《上下篇》就是《老子》上下篇,似亦缺乏证据。环渊的著作已佚,他的思想已不得而知。

田骈、接舆 《史记·孟子荀卿列传》说:"田骈、接舆,齐人。……皆学黄老道德之术,因发明序其指意。……而田骈、接舆皆有所论焉。"田骈、接舆与慎到、环渊一样,皆是从事黄老之学的稷下学者。《吕氏春秋·不二篇》说:"陈骈贵齐。"陈骈即田骈。《尸子·广泽篇》说:"田子贵均。""均"与"齐"两者是一致的。这与《庄子·天下篇》所说的彭蒙、田骈、慎到"齐万物以为首"的思想是相通的。

从《汉书·艺文志》道家类的著录中,我们可以看到,在先秦黄老之学中的黄帝学与老子学似乎是分开的,在著录

第三章　战国前期和中期法家学派的形成与勃兴

中既有黄帝之书，又有老子的后学之书。属于黄帝书的有《黄帝四经》四篇、《黄帝铭》六篇、《黄帝君臣》十篇（班固自注：起六国时，与老子相似也）、《杂黄帝》五十八篇和《力牧》二十二篇（班固自注：六国时所作，托之力牧。力牧黄帝相）。可惜这些书皆已佚失，这些书的思想已不得而知，但从班固自注说《黄帝君臣》与老子相似来说，黄学与老子两者思想很可能是十分接近（相似）的。属于老学的书则有《老子邻氏经传》四篇，《老子傅氏经说》三十七篇、《老子徐氏经说》四篇，除此之外，还有《文子》九篇（班固注：老子弟子，与孔子并时，而称周平王问，似依托者也）。《蜎子》十三篇（名渊，楚人，老子弟子）、《关尹子》九篇（名喜，为关吏，老子过关，喜去吏而从之）。在这些有关老学的著作中《蜎子》十三篇上面我们已讲到应属于黄老之学外，其他著作是否都是黄老之学已不可而知（有关老子的三种经传和经说已佚，今存《文子》有后人作伪的痕迹，《关尹子》则是一部伪书）。

现存稷下的黄老著作，学术界比较承认的是《管子》书中的《内业》、《白心》、《心术》等篇。这些篇章究竟为何人所作，亦已无法考察。一九七三年在长沙马王堆三号汉墓出土的四种古佚书——《经法》、《称》、《道原》、《十六经》，其思想与《管子》中的黄老学思想相近，亦可能属于稷下黄老学的系统。为我们提供了研究先秦黄老的新资料。

下面我们就根据以上的资料来探讨一下稷下黄老之学与法家的关系。

在《管子》的《内业、》《白心》、《心术》等篇中，尤以

《心术上》最集中地谈到了道家的"道"与法家的"法"两者之间的关系。老子道家讲"道法自然"和"无为而治"的思想，它反对有为的儒家礼治和法家的法治。黄老之学则不然，它一方面继承了老子"道法自然"、"无为而治"的思想，另一方面又肯定了儒家的礼治和法家的法治，并从宇宙本原"道"的高度论证了"法"的合理性。这在《管子的心术上》中表现得尤为明显。

《心术上》以心术喻君道。《心术上》说：

> 心之在体，君之位也。九窍之有职，官之分也。耳目者视听之官也，心而无与于视听之事，则官得守其分矣。夫心有欲者，物进而目不见，声至而耳不闻也。故曰：上离其道，下失其事。故曰：心术者无为而制窍者也。

心比喻君，耳目比喻官。心不得代替耳目视听，耳目各有自己的职务，犹如君不得代替百官之事一样。君主治理臣下，亦必须实行"无为而治"。但无为而治，并不是什么都不干，无为只是指君不代臣劳，以此颁布法律制定礼义则是完全需要的。"礼"是因循人情，符合理的。"因人之情，缘义之理而为之节文者也。故礼者谓有理也。……礼出乎义，义出乎理，理因乎宜者也。"① 义即处其宜，因循宜者则为理，礼者因乎人情合乎理。礼既是合乎情理的，所以儒家所倡导

---

① 《管子·心术上》。

第三章　战国前期和中期法家学派的形成与勃兴

的礼治是不可弃废的。至于法家的"法"呢？《心术上》更提出了"法"出之于"道"的思想，法是合乎宇宙本原——道的法则的。《心术上》说：

> 法者所以同出，不得不然者也。故杀戮禁诛以一之也。故事督乎法，法出乎权，权出乎道。

"法"，君臣民上下都得共同遵守之，法一经颁布就带有强制性（不得不然），杀戮禁诛一断于法，一切皆以法办事。而法则要有权威的人来颁布和推行，这个权威人士就是一国的君主，君主的权威来自于"道"即实行无为而治而不代臣劳，君主代臣劳，则君成了臣，也就是失去了权威。所以说："法出乎权，权出乎道。"这就是说，法最后根源于道。

关于法最后根源于"道"的思想，在四种古佚书之一的《经法篇》中表达得更为直接明了。《经法篇》的第一句话即是："道生法。"虽说这里并未作"法出于权，权出于道"这样的论证，但这一思想是与《心术上》的思想基本相通的。法是根由于"道"而制定的。在这里，道家思想与法家思想得以贯通起来了。《经法篇》与《心术上下》等篇比较，思想则更倾向于法家，所以也有人把它称作为"道法家"的。《经法》中除了提出了"道生法"的命题之外，它的法家思想还明显地表现出这样几点：

（1）重法度。

《经法·道怯》说："法者，引得失以绳，而明曲直者殹

77

(也)。故执道者生法而弗敢犯（也），法立而弗敢废。"法是衡量得失、曲直的标准，执道者按照"道"来制定法，以此法产生了就不得违犯和废弃。这也就是《管子·心术上》所说的法具有强制性，"不得不然也"的意思。然而，"执道者"又是怎样"生法"的呢？《经法》的作者认为，道是虚无形的，是产生万物的本原，虽说万物同出一源，然而有的死，有的生，有的成有的败，每一个事物都有自己的尺寸标准，秋毫一样小的事物，"必有刑名，刑名立，则黑白之分已"，"度量已具，则治而制之矣"。这样就可以按照事物的标准（君、臣、民各有其度），来治理天下。所以，《韩非子·扬权》："上操度量，以制其下，故度量已立，主之宝也。"然而，只有执道者才能懂得这个道理，故能"使民"有"恒度"，"去私而立公"。《经法》的这一"执道者生法"的讲法，要比《管子·心术》所讲的"法出于权，权出于道"的思想，更前进了一步，阐说了执道者立法的具体依据。法为"使民之恒度"，法为度量，法也就成了评判得失曲直的标准。法度成为治国的根本，"法度者，正之至也。而以法度治者，不可乱也。而生法度者（制定法度者），不可乱也，精公无私而赏罚信，所以治也"。①

（2）富国强兵。

《经法》主张行文武之道，以富国强兵。《经法·君正》中明显地吸收了商鞅等法家的农战思想。主张首先要发展生产使"民富"，民富则兵强，守能固战能胜。《君正》说："天

---

① 《经法·君正》。

有死生之时、国有死生之政。因天之生也以养生，谓之文，因天之杀也以伐死，谓之武。文武并行，则天下从矣。"这里所谓的"文武"，主要是指生养与杀伐。如何生养呢？生养就要发展生产使民富，"人之本在地，地之本在宜，宜之生在时，时之用民，民之用在力，力之用在节。知地宜，须时而树，节民力以使，则财生。赋敛有度则民富。"① 生财之道在于因地制宜，因时制宜地种植和不得浪费民力，这样老百姓就能增加生产多打粮食。这是实现民富的根本。同时征收赋税要有一定的限度，不得赋敛无度，这样才能保证老百姓富裕。所以，《君正》还主张"三年无赋敛，则民有得"和"发禁弛关市之征（发禁，一定程度上开放山林川泽之禁令。弛关市之征，减少关卡和市场的征税）"。这些都是采取的富民措施。至于"伐死"，主要是指刑罚和国与国之间的战争。《君正》认为，"富民"是守固战胜之道的基础。《君正》说："民富则有佴（耻），有佴（耻）则号令成俗而刑伐（罚）不犯，号令成俗而刑伐（罚）不犯则守固战胜之道也。"这一讲法与《管子》中所说的"衣食足知荣辱"的思想有相同之处。

四种古佚书中另一部重要著作是《十六经》（原称十大经，应作十六经）。《十六经》之所以重要，因为它是一部黄帝之书。它假托记录的是黄帝与大臣们的对话阐发了黄老之学，这在历史上黄帝书早已佚失的情况下，《十六经》能失而复得，对学术界来说，是一件十分可喜的事。它使我们对历

---

① 《经法·君正》。

史上的黄帝之学，有了一个较深的认识。《十六经》中既包含有老子道家关于宇宙本原为道的思想。又吸收了儒家的亲亲爱民的思想和法家的尚力明法的思想。《十六经》认为："今天下大争，时至矣。"天下已是大争的时代，虽说"作争者凶"，然"不争［者］亦无成功，何不可矣"。这显然反映的是战国群雄纷争、争霸天下的情况。《十六经》主张用力相争，是与商鞅法家思想基本一致的。又如何相争和如何戡乱呢？《十六经》说："敌者生争，不戡不定。凡戡之极，在刑与德。刑德皇皇，日月相望，以明其当。"有敌对势力的存在就必产生"争"，纷争就需戡定之。戡定的最好方法在于刑德两手。刑德如同日月照其明，两者不可偏废。所以说："天德皇皇，非刑不行。缪（穆）缪（穆）无刑非德必顷（倾）。"① 这里讲的"德"究竟是指什么内容，书中似未明讲。《韩非子·二柄》："明主之所导制其臣者，二柄而已矣。二柄者，刑德也。何谓刑德？曰杀戮之谓刑，庆赏之谓德。"韩非所讲的刑德与商鞅所讲的文武两手是一致的，都是法家的讲法。《十六经》在刑德问题上似与商鞅、韩非略有差别。同时，《十六经》还提出了"春夏为德，秋冬为刑。先德后刑以养生"的思想，把德放在刑之先，这在商鞅韩非的法家思想中是找不见的。

（二）慎到的法家思想

慎到，赵人，并不是齐国人。但他是一位稷下先生，受

---

① 《十六经·姓争》。

第三章 战国前期和中期法家学派的形成与勃兴

到稷下黄老之学的影响,"学黄老道德之术",并著书《十二论》发挥黄老思想。然而,《汉书·艺文志》著录《慎子》四十二篇,属于法家类。现存的《慎子》仅五篇:《威德》、《因循》、《民杂》、《德立》、《君人》。《群书治要》选录了七篇,五篇外加《知忠》、《君臣》二篇。不知《十二论》与"四十二篇"是同一著作还是不同的著作。现存五篇《慎子》属法家思想。但《庄子·天下篇》把慎子列作道家,并把他与彭蒙、田骈并提。《天下篇》介绍他们的思想说:"公而不党易而无私,决然无主趣物而不两,不顾于虑,不谋知,于物无择,与之俱往。古之道术,有在于是者,彭蒙、田骈、慎到,闻其风而说之。"这是说的因循自然、随顺自然不加主观干扰的意思。此外还介绍了他们的"齐万物以为首"的思想、"弃知去己,而缘不得已",而"笑天下之尚贤"、"非天下之大圣"的思想和"块不失道"的思想等。确实,这些思想属于道家的传统。这样看来慎到很可能先是一位道家的人物,后来才转向法家立场的。在现存的《慎子》中亦能见到道家思想影响的痕迹。也很可能慎到在未到稷下学宫之前是位道家,到了稷下学宫之后,接受了黄老学的影响,而黄老学又与法家有密切的联系,以此慎到最后转变成了法家。

下面我们就来研究一下慎到法家的思想:

（1）尚法。

尚法是法家学派的共同思想,作为法家的慎到自然也不例外。《慎子·威德》说:"法制礼籍,所以立公义也。凡立公所以弃私也。"法与礼都是上下共同遵守的公理、公义,只有立了公才能抛弃私念。在这里慎到把法与礼都当作公义，这显然是与《管子·心术》的黄老思想基本一致的。法的作用是什么呢？"法虽不善，犹愈于无法，所以一人心也。"①法是公共的行为标准，它的作用在于统一"人心"，统一人的行动。所以，不好的法，也要比没有的好。只要颁布了法，依法而行，君主就可"任法而弗躬（躬，躬行，亲自去做），则事断于法矣"。②这样君主就能实行无为而治，而大臣们亦可秉公办事，"官不私亲，法不遗爱。上下无事，惟法所在。"③这一任法秉公去私的思想，与慎到原来的"公而无党，易而无私，决然无立"的道家思想，亦有相通的地方。当然，道家的公而无私，主要是指体道的人对万物的态度而言，这是因为道对万物是一视同仁的。法家讲的立公去私，是就"一断于法"，不得私亲而言，不论亲疏，在法前都是一视同仁的。而就其两者都讲"公而无私"而言，又有着十分相似、互相贯通的地方。

（2）重权势。

慎子认为，法之所以能做到"令行禁止"，靠的是统治者的绝对的威势和权力，《慎子·威德》说：

故腾蛇游雾，飞龙乘云，云罢雾霁，与蚯蚓同，则失其所乘也。故贤而屈于不肖者，权轻也；不肖而服于贤者，位

---

① 《慎子·威德》。
② 《慎子·君人》。
③ 《慎子·君臣》。

尊也。尧为匹夫，不能使其邻家。至南面而王，则令行禁止。由此观之，贤不足以服不肖，而势位足以屈贤矣。

这是说，能不能统治，能不能使"令行禁止"，不在于统治者是贤还是不肖，而在于权力与势位。权轻，贤屈于不肖；位尊，不肖服于贤者。尧南面而王，则可做到"令行禁止"；尧为匹夫，不能指使其邻居。以此一国的君主就要保持住自己的权势，不得使大权旁落。可见法与权比，慎到认为权更重要，没有权也就没有法的作用。因此，荀子批评慎到是"尚法而无法"。慎到重权势，以此认为"贤不足以服不肖，而势位足以屈贤"。这种思想又与慎到原来的"弃知去己，而缘不得已"而"笑天下之尚贤"，"非天下之大圣"的道家思想相类似。不过，道家讲的是顺应自然的必然性，不需要智慧，不需要尚贤和大圣。法家则强调的是君主的势位权力，"贤圣不足恃"。两者的区别还是很明显的。

（3）君道无为，臣道有为。

《慎子》讨论了君臣之道，明确地提出了"君道无为，臣道有为"的思想。《慎子·民杂》说：

君臣之道，臣事事而君无事，君逸乐而臣任劳。臣尽智力以善其事，而君无与焉，仰成而已，故事无不治。治之正道然也。

这是说，君主实行无为而治，具体的政事由大臣去办，大臣应该充分发挥自己的聪明才智,把政事办好,君主则不得参与大臣们的事务,只是"仰成而已"。这才是君臣之正道。为什么君主无为而治,不亲自参与大臣们的事务才是正道呢?慎到的理由是:"君之智未必最贤于众也。以未最贤而欲以善尽被下,想把下面的事全部做好,则不赡矣。若使君之智最贤,以一君而尽赡下则劳,劳则有倦,倦则衰,衰则复返于不赡之道也。是以人君自任而躬事,则臣不事事,是君臣易位也,谓之倒逆。倒逆则乱矣。"① 这是说,国君的智慧未必比别人高,用不必比别人高的智慧想要把下面大臣们所做的事都由自己来办好,这是不可能全部做到的。即使国君的智慧比别人高,专靠一个人要把下面的事情都做好,那就太劳苦了,劳苦就会疲倦,疲倦就会衰弱,衰弱了也就不能办好全部的事。所以国君自己来办一切事,反使大臣无事可做,这是"君臣易位",是一种"倒逆"现象,倒逆,国家就出乱子。以此君主必须实行无为而治。这种"君道无为,臣道有为"的思想,是与《管子·心术》中所说的"无为而制窍",以心术喻君道的思想相一致的。可见,慎到在这里是很明显地受到了稷下黄老之学的影响。

　　君主要使自己实行无为而治,至少必须要首先办好这样两件大事:①颁布法律、法令,②善于用人。"大君任法而弗躬"。国君只有一任于法,颁布法律、法令,然后由大臣们去按法办理,这样国君才能实行无为而治。但颁布法令法律还

---

① 《慎子·民杂》。

第三章 战国前期和中期法家学派的形成与勃兴

要有官吏们去执行,所以除"任法"之外,还得要选拔官吏,做到善于用人。不然的话,国君也是不能实行无为而治的。如何做到善于用人呢?《慎子·民杂》说:

民杂处而各有所能,所能者不同,此民之情也。大君者,太上也,兼畜下者也,下之所能不同,皆上之用也。是以大君因民之能为资,尽包而畜之,无能去取焉。是故不设一方以求于人,故所求者无不足也。大君不择其下故足,不择其下,则易为下矣。易为下,则莫不容,莫不容,故多下。多下之谓太上。

这可叫做"因能任人",因顺着民各自的才能,而用其所能,这样老百姓就皆能为国君所用。这一"因能任人"的思想是有道理的。老百姓各有所能,而所能者不同,这是民之常情。国君如能兼而畜之,因民之所能而用之,则老百姓就能皆为"上用"。以此用人不得苛求于人,只要用其所长即可,所以国君对自己的下属不加苛刻的选择。这样老百姓也就容易做国君的下属,并皆能得到国君的宽容。这样国君就能"得众",得到众人的拥戴。这种因顺民情,"不择其下"的思想,又是与《天下篇》所说的慎到的"于物无择,与之俱往"的因循思想颇相类似。"道"对万物一视同仁,不加选择,顺应着万物的变化。这种思想体现到社会政治上,则可强调国君对下民不加选择,因循其所能用其所长,决不会抛弃自己的下民,这样下民就能尽力为国君所用。

在国君要善于用人的问题上，慎到还提出了一个"自为"（为自己）与"为我"（为国君）的关系问题。《慎子·因循》说："人莫不自为也，化而使之为我，则莫可得而用矣。是故先王见不受禄者不臣，禄不厚者不与入难。人不得其所以自为也，则上不取用焉。故用之自为，不用人之为我，则莫不可得而用矣，此之谓因。"人都是"自为"的，为自己打算的，国君要把人的"自为"变成"为我"，即为国君服务，这是不可能的。所以，先王只是用爵禄来赏赐大臣，使他们得到好处，满足他们"自为"的要求，这样反而就可达到"用人之自为"，来为国君服务的目的。这就是说，慎到认为人人皆有私心，君主则应顺应这种私心，用赏罚来利用私心，以达到使民为国君服务的目的。慎到认为这也是一种"因"，即因循民情的思想。这种人人皆"自为"的思想，最早出现在道家杨朱派的思想中。《孟子·尽心上》说："杨子取为我，拔一毛而利天下，不为也。"可见人皆有自私的思想是杨朱首先提出的。慎到的人人"自为"说，很有可能也是受到了杨朱思想的启发。但杨朱道家主张"全生保真"而不愿做官，慎到则站在法家立场，用赏罚来激励做官。他们两者的相同点，都是承认"人人皆有私心"的思想。

（三）申不害的法家思想

申不害，据《史记·老子韩非列传》说，他原是郑国京（今河南荥阳东南）人，为"郑之贱臣"，地位卑贱，后"学术以干韩昭侯"，昭侯用为相"内修政教，外应诸侯。十五年，终申子之身，国治兵强，无侵韩者"。① 申不害的法家思想以地域而论，应属于韩法家，但"申子之学，本于黄老而主刑名"。② 他的思想来源于黄老之学，所以他的思想又与齐国稷下黄老之学有着密切的联系。虽说他并不是稷下学士，但他的思想与慎到相似，所以我们也就把他放到齐法家范畴中来一起加以考察。

按照《史记》说申不害"著书二篇，号曰'申子'"。《汉书·艺文志》著录"《申子》六篇"。这两种说法可能皆是指的同一本书，但分篇有所不同而已。《隋书·经籍志》说："梁有《申子》三卷，韩相申不害撰，亡。"可见《申子》隋时已佚，现散见于《太平御览》、《群书治要》、《意林》、《艺文类聚》等书中，清严可均有辑本。③

申子之学属法家，本于黄老而尤重刑名之术。黄老学中本已有刑（即形）名之学。如《管子·心术上》说："物固有形，形固有名，名当谓之圣人。"又说："物固有形，形固有名，此言［名］不得过实，实不得延名。姑形以形（依据事物的形状来形容事物），以形务名（取名）。督言正名，故曰圣人。……以其形，因为之名，此因之术也。名者，圣人之所以纪（标记）万物也。"这也就是说，名要符实，以形而定名，因循事物本来的形状而定其名（名称、概念），所以这也叫做"因之术"。可见形名之学也是黄老之学中的一个重要内

---

① 《史记·老子韩非列传》。
② 同上。
③ 《全上古三代秦汉三国六朝文》。

容。申不害本黄老而主形名，确是与稷下黄老学相通的。

从现存的史料来看，申不害的法家思想主要有这样几点：

（1）重术。

重术，这里的术指君主统治术，重术是申不害思想的一大特点。申不害的法家思想就是从如何维护君主统治的立场出发的。所以，他特别重君人之术。申不害说："明君治国……方寸之基正而天下治。故一言正而天下定，一言倚而天下靡。"① 这是说，君主的一言一行决定着一国的命运，因此一国君主的思想行为首先要端正。君主思想之所以不正，国之所以不治，很重要的原因是在于君主受了自己的一些乱臣贼子蒙蔽的结果。申不害说："夫一妇擅夫，众妇皆乱。一臣专君，群臣皆蔽，故妒妻不难破家也，而乱臣不难破国也。是以明君使其臣并进辐凑，莫得专君焉，今人君之所以高为城郭而谨门闾之闭者，为寇戎盗贼之至也。今夫弑君而取国者，非必逾城郭之险而犯门闾之闭也。蔽君之明，塞君之聪，夺之政而专其令，有其民而取其国矣。"② 君主偏信偏听为乱臣所蒙蔽，国家就有破亡之危险，所以国家的存亡往往不在于高城郭谨门闾之闭，而在于乱臣蒙蔽了君主的聪明，而暗暗地夺走了政权，从而取而代之。以此君主必须要有能驾驭群臣的一套方法即君主统治术。申不害说：

---

① 严可均辑《全上古三代秦汉三国六朝文》卷四。
② 同上。

第三章　战国前期和中期法家学派的形成与勃兴

明君如身，臣如手。君若号，臣如响。君设其本，臣操其末。君治其要，臣行其详。君操其柄，臣事其常。……故善为主者，倚于愚，立于不盈，设于不敢，藏于无事，窜端匿疏，示天下无为，是以近者亲之，远者怀之。示人有余者人夺之，示人不足者人与之，刚者折，危者覆，动者摇，静者安。①

君为身体，臣为手足，君发号臣响应，君抓根本臣行枝末，这是不可互易的。为了保住君位，不受臣蒙蔽，善为君主者，在外表上应表示出自己为愚蠢、谦逊、不勇敢、不干事，把自己心中要做的事藏起来，不露声色，表示自己实行无为而治。申不害认为，君主只有实行了这种"无为"，才能使大臣为自己效力，从而也才能实现法家所倡导的"君主无为，大臣有为"的政治主张。这就是申不害所提倡的"为主之术"。《史记》所说的申不害"学术以干韩昭侯"，这里的"术"大概也就是指这一君主统治的方法。这一思想显然是从老子无为思想发挥而来的。老子思想本来就是一种君人两面之术，想通过无为统治术以达到无不为的目的。申不害只是在老子无为术的基础上，进一步加以发挥而已。

（2）主刑名。

君主无为，表示出自己愚、自己的不足，但并不是真的愚，真的不足，真的什么事都不干，什么事都不做，放手不

---

① 严可均辑《全上古三代秦汉三国六朝文》卷三。

管并不能达到驾驭群臣的目的。要实行无为而治又能驾驭臣下，在这里申不害十分重视刑名之术。刑名即形名，也就是名实，所以司马迁在《史记·老子韩非列传》中说，申子"施之于名实"。"名"这里主要是官名、官职，"实"主要是指做官的人，指他的能力和功绩。名与实两者应当相符，当怎样的官，就应当有怎样的能力，办怎样的事。这叫做"名当"，不然就是名实不当。申不害十分重视刑名问题。申不害说："名者天地之纲，圣人之符。张天地之纲，用圣人之符，则万物之情无所逃之矣。"① "纲"有条理、分类的意思，"符"指符契。"张天地之纲，用圣人之符"，也就是用"名"来要求臣民整治臣民，所以申不害说："为人民（当作"为人君"）者，操契以责其名。"② 就是说的用"名"来要求各级官吏，名不符实的官吏就应被撤职、被降职，受到惩处，名符合实的官吏则留任或提拔，应受到奖励。所以说："有道者，自名而正之，随事而定之。……其名正则天下治。"③ 可见刑名之学在申不害的法家思想中占有着十分重要的地位。

（3）任法而贵士。

申不害既重术，重刑名，亦重法，主张明法审令。申不害说："君必有明法正义，若悬权衡以称轻重，所以一群臣也。"④ 以法作权衡以称轻重，这样就可以统一群臣的行为，

---

① 严可均辑《全上古三代秦汉三国六朝文》卷三。
② 同上。
③ 同上。
④ 同上。

大家都能按"法"办事。所以,申不害又说:"尧之治也,盖明法审令而已。圣君任法而不任智,任数(数,指必然性)而不任说。黄帝之治天下,置法而不变,使民安乐其法也。"① 尧是儒家所称道的古代圣王,依申不害的说法,尧也是古代一位主张法治的圣贤。黄帝是黄老之学所推崇的理想圣王,依申不害看来,黄帝是主张以法治天下的。至于"任法不任智"的思想,这又与稷下学士慎到所倡导的"贤不足以服不肖,而势位足以屈贤"的思想相近。在这一点上申不害的思想又是与慎到的思想相通的。

魏法家李悝与商鞅重尽地力之教,鼓励农耕,倡导富国的思想,申不害亦与李悝商鞅一样主张力农富国。申不害说:"昔七十九代之君,法制不一,号司不同,然而俱王天下,何也?必当国富而粟多也。"② 粟多(粮食多)则国富,国富则可王天下。以此申不害又说:"四海之内,六合之间,曰:奚贵?曰:贵土。土,食之本也。"③ 正由于粟多国富可以王天下,因此天下最贵的就是土地。有了土地,充分地发挥土地的效率,就能多打粮食,所以说:"土,食之本也。"这是我国古代农业社会以农立国的思想。

(四)齐国稷下法家思想

《管子》一书中除了有与法家关系密切的黄老学著作外,

---

① 严可均辑《全上古三代秦汉三国六朝文》卷三。
② 同上。
③ 同上。

其余大部分著作是属于法家思想的著作。所以,《韩非·五蠹篇》称"藏商、管之法者家有之"。把《商君书》与《管子》并提。张守节《史记正义》引刘向《七略》则说:"《管子》十八篇,在法家。"这都说明《管子》中有明显的法家思想,是部法家的著作。当然也还包括一些其他学派的著作,如阴阳家与儒家的著作等。《管子》中的法家思想可以说是田齐法家政治的理论代表作。《管子》中的法家思想十分丰富,它包括"任法重令"的思想、富民富国思想、重农抑末思想、重威势术数的思想等。

(1) 任法重令。

《管子》十分重视法和令,认为法是治理天下的规矩准绳,尊君安国的重器。《管子·法法篇》说:"规矩者方圆之正也,虽有巧目利手,不如拙规矩之正方圆也。故巧者能生规矩,不能废规矩而正方圆。虽圣人能生法,不能废法而治国。"规矩正方圆,犹如任法而治国。巧匠能立规矩,而不能废规矩而正方圆,犹如圣人能立法,而不能废法而治国。所以,治国是不能一刻离开"法"的。这是因为"法"才是统一臣民行为的标准:"尺寸也,绳墨也,规矩也,衡石也,斗斛也,角量也,谓之法。治民一众,不知法不可。"[①] 所以,"圣君任法而不任智"。如果"舍法而任智",老百姓定会"舍事而好誉"和"舍实而好言",这样民就会"离怯而妄行",国家就乱了。所以圣君要实现垂拱无为而治,只有"以法治

---

① 《管子·七法》。

第三章 战国前期和中期法家学派的形成与勃兴

国。"有了法度就"不可巧以诈伪","不可欺以轻重","不可差以长短",这样君主就可垂拱而治。

《管子·任法篇》还认为,古代的圣君就是以"法"来治天下的。文中说:"尧之治也,善明法禁之令而已矣。黄帝之治天下也,其民不引而来,不推而往,不使而成,不禁而止。故黄帝之治也,置法而不变,使民安其法者也。"这一讲法与上面所说到的申不害的思想基本一致。至于究竟是《管子》承袭申氏思想呢?还是申不害受了《管子·任法》思想影响呢?现已很难考定。

《管子》不仅重法而且重令,法是公布于众的行为准则,"令"是指发布的政令,两者既有区别亦有联系。法令都是带有强制性的,具有威严的东西。《管子·重令篇》中说:

凡君国之重器,莫重于令。令重则君尊,君尊则国安,令轻则君卑,君卑则国危。故安国在乎尊君,尊君在乎行令,行令在乎严罚。罚严令行,则百官皆恐……。故明君察于治民之本,本莫要于令。

君令如山倒,令行禁止,不得有半点违抗,所以令重体现了君尊。反之,君尊则必须严令,使得百官皆恐,这样就显出了君主的威势。这显然是在维护君主重制主义。这种严罚思想基本上与商鞅的严刑峻法思想是一致的。不过,《管子》中并没有"重其轻者"的思想,只是提出了一个叫做"上无赦过"的思想,两者还是有一定区别的。《管子·法法》

中说:"民毋重罪,过不大也。民无大过,上毋赦也。上赦小过,则民多重罪,积之所以生也。"故曰:"赦出则民不敬,惠行则过日益。惠赦加于民,而囹圄虽实,杀戮虽繁,奸不胜矣。"这是说,民之所以没有重罪,在于犯过不大,犯过之所以不大,在于上无赦小过。这是因为上赦小过,民就会积小过而犯大过。赦小过实行宽政,老百姓就不懂得畏敬。所以,惠政宽政反而能促使民犯罪。以此《管子·法法》说:"凡赦者小利而大害者也,故久而不胜其祸。毋赦者小害而大利者也,故久而不胜其福。"那么,这样说来是否也应像商鞅一样提倡少赏呢?在这一点上,《管子》又与商鞅不同,提出了厚赏的主张。《管子·正世篇》说:"赏必足以使,威必足以胜,然后下从。故古之所谓明君者,……其设赏有薄有厚,其立禁有轻有重,迹行不必同,非故相反也,皆随时而变,因俗而动。夫民躁而行僻,则赏不可以不厚,禁不可以不重。故圣人设厚赏,非侈也;立重禁,非戾也。赏薄则民不利,禁轻则邪人不畏。设人之所不利,欲以使则民不尽力。立人之所不畏,欲以禁则邪人不止。……故赏不足劝,则士民不为用;刑罚不足畏,则暴人轻犯禁。民者服于畏杀然后从,见利然后用。"禁有轻重、赏有厚薄,这是随着习俗的不同而不同的,赏要足以使人,禁要足以立威,当"民躁而行僻"时就必须重禁和厚赏。厚赏就能使士民为上所用,所以赏厚并不是奢侈浪费。这与商鞅把厚赏当作奢侈浪费是不一样的。

(2)治国必先富民。

《管子》主张实行"富民"的政策,认为富民是治国之

第三章　战国前期和中期法家学派的形成与勃兴

本，只有富民才能富国。《管子·治国篇》说："凡治国之道，必先富民。民富则易治也，民贫则难治也，奚以知其然也？民富则安乡重家，安乡重家则敬上畏罪，敬上畏罪则易治也。民贫则危乡轻家，危乡轻家则敢陵上犯禁，陵上犯禁则难治也。故治国常富，而乱国常贫，是以善为国者，必先富民，然后治之。"这是讲的民富易治的道理。民富了就不会背井离乡，就能安于家乡土地上耕种务农，这样老百姓就懂得畏罪敬上而不犯上作乱，这样的老百姓就容易治理。反之，老百姓贫穷，背井离乡流落他处，逃荒讨饭，这样的老百姓就敢犯上作乱，不易治理。所以，要治理好国家，安定社会秩序，首要任务就是富民。只有使民富了，老百姓也才能懂得礼义廉耻。《管子·牧民》中说："仓廪实则知礼节，衣食足则知荣辱。"老百姓的道德生活必须是建立在一定的物质生活基础之上的。

不仅治国之道在先富民，而且富国强兵之道亦在于先富民。《管子》主张富民的根本目的在于富国。而富国的标志主要是"粟多"，民富了粮食多了，才能拥有强大的军队，有了军队，国家也就强盛了。所以，《管子·治国》说："粟多则国富，国富者兵强，兵强者战胜，战胜者地广。是以先王知众民，强兵广地，富国之必生于粟也。"粟多是富国强兵的经济基础，而只有实行富民的政策，老百姓才能尽力耕种土地而多打粮食，所以说只有富民然后才能富国。

（3）重本抑末。

既然"粟多"是富国强兵的基础，"粟者，王之本事也，人主之大务"，①《管子》特重农业，它与商鞅一样把农业当作本业，并以"农士商工"的次第来排列"四民"，表示出农民为四民之首。《管子·治国》说："先王知众民强兵广地富国之必生于粟也，故禁末作止奇巧而利农事。"要富国强兵多打粮食，就要禁末作而利农事，采取鼓励农业生产禁抑工商游食之民的措施。以此《治国篇》接着说："今为末作奇巧者，一日作而五日食，农夫终岁之作，不足以自食也。然则民舍本事而事末作，则田荒而国贫矣。"末作奇巧，指游士与工商而言。游士工商工作一天就可得到生活五天的报酬，而农夫整年干活却不能吃饱肚皮，这样老百姓自然就会抛弃本业去干末作了。舍本业而事末作，田地就会荒芜，粮食打不出来，国家就会贫穷。这是财富分配不均所造成的后果。所以，要使民富国强，首先要使四民得到公平的分配。"故先王使农士商工四民，交能易作，终岁之利，无道相过也。是以民作一而得均，民作一则田垦，奸巧不生。田垦则粟多，粟多则国富，奸巧不生则民治。富而治，此王之道也。"这是说，叫农、士、商、工四民轮流交换他们的工作和才能，一年之中一个人四种职业都得轮流做一下，这样四种职业的人收入也就平均了，都不会超过其他人。这样田地得以开垦，奸巧无法产生，国家也就能得到富裕和治理。《管子》的这一设想似乎是很合理的，但这样做就会打乱了正常的社会分工，这是不可能做到的。所以，这只能是一种设想而已，并不能真正实现。

---

① 《管子·治国》

(4) 重势与术。

一般都认为法家中只有慎到是重"势"的，申不害是重"术"的，其实《管子》中亦有重势与术的思想。《管子》认为国君要有绝对的威权，才能号令百姓，做到令行禁止。这种威权就叫做"势"。《管子·法法》说：

凡人君之所以为君者，势也。故人君失势，则臣制之矣。势在下，则君制于臣矣。势在上，则臣制于君矣。故君臣之易位，势在其下也。

《管子·明法解》又说：

明主在上位，有必治之势，则群臣不敢为非。是故群臣之不敢欺主者，非爱主也，以畏主之威势也。

君主所以能制服臣下靠的就是威势，一旦失去了威势，君主就会受制于大臣，造成君臣易位。所以君主贵的是势而并不在于自己的德行贤于别人。"凡人君之德行威严非独能贤于人也，曰人君也，故从而贵之，不敢论其德行之高卑。有故，为其杀生急于司令也，富人贫人使人相畜也，贵人贱人使人相臣也。人主操其六者以富其臣，人臣亦望此六者以事其君。"① 这是说，人君之所以有威势，在于人君能操生杀之柄，能使人

---

① 《管子·法法》。

富，能使人贫，能使人贵，能使人贱，人君有了这样的权势就能制服大臣，大臣们也就能为君主效力。所以，君主的威势是不能失落的。《管子》的结论是："势非所以予人也。"

人君为了确保自己的统治地位，不仅要有权势，大权在握，而且还得有一套驾驭或控制臣下的方法，而不受臣下蒙蔽和欺骗。这种方法法家把它叫做"术"。正如《管子·明法解》中所说："明主者，有术数而不可欺也。"那么这个"术数"是什么呢？《管子·明法解》说："明主操术任臣下，使群臣效其智能，进其长技，故智者效其计，能者进其功，以前言督后事，所效当则赏之，不当则诛之。"可见，"术"就是考课群臣的方法。所以，《明法解》又说："明主之择贤人也，言勇者试之以军，言智者试之以官。试于军而有功者则举之，试于官而事治者则用之。故以战功之事定勇怯，以官职之事定愚智，故勇怯愚智之见也，如白黑之分。乱主则不然，听言而不试，故妄言者得用。任人而不管，故不肖者不困，故明主以法案其言而求其实，以官任其身而课其功。"这也叫做"参伍"考课之法，即对照比较的考察方法。用我们现在的话来说，选拔干部必须要在实际工作中加以考察。"案其言而求其实"，"任其身而课其功"，真正做到"有能则举之，无能则下之。"

（5）强兵。

在战国时代，一个国家的富强是离不开"兵"的，没有强大的"兵"，攻不能战，退不能守，就无力保卫自己的国家，更谈不到什么争夺天下了。所以，法家都讲富国强兵。

第三章　战国前期和中期法家学派的形成与勃兴

《管子·兵法》说："明一者皇，察道者帝，通德者王，谋待兵胜者霸。故夫兵，虽非备道至德也，然而所以辅王成霸。""兵"的作用在于"辅王成霸"，达到王天下和霸天下的目的。

至于强兵之道则首先在于富国。"粟多则国富，国富则兵强"。农业发展了，粮食储备多了，国家富裕了，就能提供军粮、军需物资，从而才能建设庞大的军队。所以说，"国富兵强"。但是有了庞大的军队是否就一定能打仗取得胜利呢？这也难说。《管子》认为要取得战争的胜利，必须要有多方面的因素，要造成优势力量。可以说，战争的胜负是多方面的力量较量的结果。《管子·七法》说：

为兵之数，存乎聚财，而财无敌；存乎论工，而工无敌；存乎制器，而器无敌；存乎选士，而士无敌；存乎政教，而政教无敌；存乎服习，而服习无敌；存乎遍知天下，而遍知天下无敌；存乎明于机数，而明于机数无敌。故兵未出境，而无敌者八。是以欲正天下，财不盖天下，不能正天下；财盖天下，而工不盖天下，不能正天下；工盖天下，而器不盖天下，不能正天下；器盖天下，而士不盖天下，不能正天下；士盖天下，而教不盖天下，不能正天下；教盖天下，而习不盖天下，不能正天下；习盖天下，而不遍知天下，不能正天下；遍知天下，而不明于机数，不能正天下。故明于机数，用兵之势也。大者时也，小者计也。

这是说，战争的胜利取决于八个方面：①聚财（粮食等军需物），②论工（工艺技术），③制器（制造兵器），④选士（选拔士卒），⑤政教（政令教化），⑥服习（士兵的训练），⑦遍知天下（知己知彼），⑧机数（包括战略、战术、天时、计谋）。这八个方面皆能优越于敌国，能"盖天下"，这样才能战无不胜而无敌于天下。所以可以说，战争的胜负在于国与国之间的经济、政治、财力、物力、兵力、战略、战术、天时地利等诸种力量和因素的综合国力的较量。《管子》的这一看法是十分深刻的。

（6）礼义廉耻。

《管子》所代表的齐法家思想与以李悝、商鞅为代表的晋法家和而后的集法家思想大成的韩非法家思想，有一个很显著的不同特点，即是《管子》重视儒家的礼义教化，吸取了儒家之道德教化思想。而商鞅与韩非基本上是非道德主义者，他们皆否定道德教化的作用，对儒家教化持批评的态度。这是两大法家思想体系的一个很大的差别。《管子》十分重视礼义教化的作用，提出了"礼义廉耻"为国之"四维"（四个维系国家的要素）的思想。《管子·牧民篇》说：

国有四维，一维绝则倾，二维绝则危，三维绝则覆，四维绝则灭。倾可正也，危可安也，覆可起也，灭不可复错也。何谓四维：一曰礼，二曰义，三曰廉，四曰耻。礼不逾节，义不自进，廉不蔽恶，耻不从枉，故不逾节则上位安，不自进则民无巧诈，不蔽恶则行自全，不从枉则邪事不生。

礼的作用在于按一定的等级秩序办事，所以能使"上位安"。义的作用在于使人合义而行，不自作聪明违背等级秩序。廉的作用在于不隐瞒自己的短处，能使自己的德行自全。耻的作用在于使人懂得羞耻不做邪恶之事。所以，礼、义、廉、耻是维系国家的四个重要的因素，缺一不可。《管子》与商鞅、韩非不同，强调礼教的重要性。

《管子》还提出了要使人有"礼义廉耻"四种品德，必须教人懂得从小礼小义的事情上做起，以进行道德修养。《管子·权修》说："凡牧民者，欲民之有礼也。欲民之有礼，则小礼不可不谨也。小礼不谨于国，而求百姓之行大礼，不可得也。凡牧民者，欲民之有义也。欲民之有义，则小义不可不行。小义不行于国，而求百姓之行大义不可得也。"大礼要从小礼做起，大义要从小义开始。同理，要使人懂得廉耻，必须从小廉小耻做起。也只有通过这样的培养积累，才能使得老百姓形成懂得"礼义廉耻"的道德风尚。

《管子》尚法，又尚礼义。那么法与礼义又有怎样的关系呢？《管子·任法》中说："所谓仁义礼乐者，皆出于法。此先圣之所以一民者也。"虽说这里并没有作更多的论证，其大意大概是说，仁义礼乐不能离开法，必须要有法来作保证才能实现。如果无法律的保证，礼乐就会崩坏，仁义也就不可能实现。在这里可看出《管子》的立场是法家的立场，它把"法"放在首位，视法为根本。

第四章　战国末期法家学派思想的总结与秦王朝法家政治的终结

时至战国后期，中华大地由群雄割据的局面，通过相互兼并的战争，日趋统一。公元前二八六年齐灭宋，公元前二四九年楚灭鲁，公元前二三〇年秦灭韩，公元前二二五年秦灭魏，公元前二二三年秦灭楚，公元前二二二年秦灭赵、燕，最后于公元前二二一年秦灭齐，实现了全中国的统一，结束了自东周五百多年以来的诸侯混战的局面，建立了统一的秦王朝，完成了大一统的历史使命。社会要求统一，国家要求统一，思想界也在要求统一，人们希望用统一的思想来指导统一的社会和国家。人心思一，已成了整个战国后期的思想主潮流。正如《易·系辞传》中所说："天下何思何虑？天下同归而殊途，一致而百虑。天下何思何虑？"这是说，天下的事情何需思虑呢？天下的事情千千万万，虽然众多但殊途同归，思虑可以成百，但思想最终都是一致的。这正是战国后期，人们思想要求统一的写照。由分而合，这是历史的必然。百家争鸣走上学术的统一，这是战国后期整个思想界发展的

第四章　战国末期法家学派思想的总结与秦王朝法家政治的终结

大趋势。

争鸣的百家如何走向学术的统一呢？唯一可行的道路是各家各派思想的互相渗透和融合。这是因为各种思想学说虽一面存在着纷争，但一面又总是互相影响的。一个学派要求得到发展，绝不可能完全采取排他主义的做法，拒绝接受他人的一切成果，总是要吸取前人或他人的适合自己需要的思想来发展自己的学说。战国后期各学派为了适应思想统一的时代要求，都在融合他人他派的思想以丰富自己学派的学说，都在为延续数百年的百家争鸣做思想总结的工作，以便能在统一了的中华大地上赢得自己的生存权利和地位。这一思想总结工作，当时最具有典型的代表性的人物，有儒家的荀子、法家的韩非和所谓"杂家"的《吕氏春秋》三大家。他们各自都站在自己学派的立场上，对以往的百家争鸣做了总结。荀子站在儒家的立场上，首先对诸子百家做了广泛的评论，他在《非十二子》、《解蔽》等篇中，对法家、道家、墨家、名家、儒家学派等，都进行了批评，指出了它们的错误和不足。同时，对各派的长处，加以肯定。荀子建立起了自己的儒家学说。他继承和发挥了孔子儒学思想之外，同时又吸取了稷下黄老学天道自然无为思想、阴阳家的阴阳学说和法家的法治思想等等，从而建立起了一个带有综合各家思想的新的儒家学说体系。吕不韦所主编的《吕氏春秋》一书，《汉书·艺文志》把它列入"杂家"。何谓"杂家"呢？按《汉书·艺文志》的说法，杂家指兼采儒、墨、名、法等各家思想，散杂而无中心。这也是一种综合各家学派的方法，也是对百家思想的一种综合性的总结。这种总结似乎是一个杂拌,没有自己的宗旨和一贯的思想。但《吕氏春秋》的总结是否没有中心思想,或者说没有一个为主的思想呢?当今学术界也有不同的看法。有的认为它是一种折中主义的杂拌产物,有的认为它以儒家思想为主,也有的认为它是以道家思想为主,同时兼采别家的。确实只要它兼采各家学说并有自己的中心思想或有一个为主的思想,这就不能称它为杂家。兼采各家思想最早起始于战国中期的黄老之学。黄老之学是道家的一个派别,这是当前学术界所共识的。黄老之学,"因阴阳之大顺,采儒墨之善,撮名法之要"①,而其根本宗旨则是老子道家的清静无为而治的思想。以此黄老之学决不是杂家。《吕氏春秋》亦兼采了道、儒、名、墨、法诸家思想,形式上以六论、八览、十二纪编纂而成,似有一个组织论文的形式(如《十二纪》用月令的顺序编次论文),但仅从形式上看还很难说它不是杂家,之所以说《吕氏春秋》不是折中主义杂家,主要是根据它的思想内容有明显的倾向性,即有一个主导的思想倾向性而言的。这个主导思想倾向就是道家思想,确切地说应是黄老之学,正如高诱所说:"此书所尚,以道德为标的,以无为为纲纪,以忠厚为品式,以公方为检格。"②这里所说的道德、无为皆指老子和稷下黄老学的道德、无为思想。这里的忠孝思想明显是从儒家那儿来的。至于去私贵

---

① 《史记·太史公自序》。
② 《吕氏春秋·序》。

第四章　战国末期法家学派思想的总结与秦王朝法家政治的终结

公的思想，则较多是来源于法家。《吕氏春秋》以黄老道德思想为其哲学理论基础，以无为为其理想的政治目标，同时吸取了儒家的伦理原则和法家的法治思想。可见《吕氏春秋》的主导思想倾向是黄老道家。以此我们不能把它当作折中主义的杂家。由此可知，荀子和《吕氏春秋》对先秦哲学的总结，一个是站在儒家立场对先秦各家思想加以综合吸取，一个是兼取各家学说，而以黄老道德思想为其主要倾向。不论荀子还是《吕氏春秋》。它们都与先秦的法家学派有着这样那样的联系。尤其在政治思想上，荀子把儒家的礼治与法家的法治思想两者结合起来，把本来对立的两家协调了起来。《吕氏春秋》崇尚黄老道家，而黄老之学本与法家有着密切的联系，所以《吕氏春秋》在兼采诸家思想中很自然地也就大量地吸取了法家的法治思想，这是不言而喻的。虽说荀子和《吕氏春秋》都对法家思想有所吸取有所发挥，但都没有能对先秦法家思想作系统的总结。对先秦法家学派思想作系统全面总结的是韩非，韩非站在法家的立场上，对先秦的百家作了批判性的总结。他对儒墨两家作了猛烈的抨击，对老子道家作了改造性的吸取，尤其是他对先秦法家作了系统的综合性总结，完成了法家学派的理论体系。韩非以此成为了先秦法家的集大成者，成为了我国古代最大的法家思想家，由此他的学说得到秦始皇的赞赏。秦统一全中国后，秦始皇在全中国推行法家政治，他所推行的法家思想主要就是从商鞅到韩非的法家思想。自此，法家赢得了在全中国的胜利，取得了独尊的地位，从而结束了百家争鸣的局面。但好景不长，法家的胜利同时也就宣告了法家的失败。胜利得越辉煌，失败得越凄惨。法家本来就具有着胜利与失败的两种因素，法家既能夺取政权，又能丧失政权。所以，秦王朝法家政治的迅速崩溃具有历史的必然性。秦王朝的灭亡也就宣告了法家政治的终结。这是秦王朝的悲剧，也是法家的悲剧！

在本章中，我们主要研究的是韩非的法家学说，但在研究韩非之前，我们还得先介绍一下他的老师荀子的思想。韩非的法家思想与其老师荀子的思想并不是无关系的。

第一节　荀子儒学与法家的关系

荀子，名况，字卿，（公元前三一三——前二三八年），赵国人，曾游学于齐，为稷下先生，齐襄王时田骈等人已死，"而荀卿最为老师，齐尚修列大夫之缺，而荀卿三为'祭酒'（学长）"。① 荀子在稷下学宫前后三次被推尊为学长，可见荀子在稷下名声很高。后来荀子到了楚国，春申君"以为兰陵令"。秦昭王四十四年。荀子曾应昭王聘而入秦，并称赞秦国的法家政治是"百姓朴"，"百吏肃然"，"士大夫无有私事，不比周，不朋党"，"朝廷听决百事不留"，类似于"治之至也"。同时又批评秦国缺乏儒学教化，"此亦秦之所短也"。后

---

① 《史记》卷七十四《孟子荀卿列传》。

第四章　战国末期法家学派思想的总结与秦王朝法家政治的终结

春申君死，荀卿亦废居兰陵，著书终其一生。荀卿的弟子主要有李斯与韩非两人。李、韩二人皆是典型的法家代表人物，而其老师荀子却是位儒学大师，似乎师生之间有着很大距离。不过，只要我们仔细地研究《荀子》一书的思想，我们就能发现荀子有很浓重的法家思想成分或色彩，以此有些学者称荀学为"外儒内法"，当然这样的提法是不确切的。荀子重礼治重王道，是位儒学者，这是无疑问的。但荀子又与孔、孟儒学不一样，他并不反对法家的法治思想，并把它当作自己思想体系中的一个重要组成内容。以此荀子的弟子们就沿袭其老师这一法治思想，而发展成为法家中的人物。此外，荀子与其弟子李斯、韩非之间，还是存在着思想的共同性。

荀子反对孟子的性善论，而主张性恶论，以此认为人性中本来就没有善性的，"人之性恶，其善者伪也"，[①] 善是后天人为的结果。这个"人为"荀子认为主要包括两个方面：一是礼义教化，一是法制。所以，荀子说：

> 今人之性，生而有好利焉，顺是，故争夺生而辞让亡焉；生而有疾恶焉，顺是，故残贼生而忠信亡焉；生而有耳目之欲，有好声色焉，顺是，故淫乱生而礼仪文理亡焉。然则从人之性，顺人之情，必出于争夺，合于犯分乱理而归于暴，故必将有师法之化，礼义之道，然后出于辞让，合于文理，而归于治。

[①]《荀子·性恶》。

人性本是好利好声色耳目之欲，顺其发展则必产生争夺、淫乱、犯分乱理，所以必须要有礼义教化，才能使人合乎礼义，而归于治。但单有礼义教化的一手还是不够的，尚需要有法制法令来端正人的行为。以此荀子接着说："古者圣王以人之性恶，以为偏险而不正，悖乱而不治，是以为之起礼义，制法度，以矫饰人之情性而正之，……使皆出于治。"这就是说，矫正人的情性不仅要有礼义，还要有法度。这里的法度就是法家所主张的法制。所以，《荀子·成相》说："君法明，论有常，表仪既设民知方。进退有律，莫得贵贱孰私王。"君法明，论有常，老百姓的一切都可按照法办事，因此也就没有私情来请求于君王得到贵或贱的必要。

至于礼与法两者是何关系呢？在此荀子提出了"礼者，法之大分，类之纲纪"① 的思想。大分，即总纲。类，类别，如君君臣臣父父子子皆为类。礼是法的总纲，法要按照礼的原则来制定，礼又是君君臣臣父父子子每一类的规范标准。所以，礼是根本的，法是用来保证礼的。在荀子这里，礼、法两者比较，礼是更根本的。所以，荀子并不是法家而是儒家，然而他又重视法治思想，这又与孔孟儒学有着很大的不同，而与法家有了直接的联系。其弟子李斯、韩非则从这里出发，进一步发展法治思想，而走上了法家道路。

---

① 《荀子·劝学》。

第四章　战国末期法家学派思想的总结与秦王朝法家政治的终结

第二节　韩非法家学说及其对先秦法家的总结

韩非是先秦最后一位也是最大的一位法家理论家。如果说李悝、商鞅、吴起、申不害等人，他们主要是法家政治家，是实际推行法家政治的人物，那么韩非则主要是一位法家的学者，是一位法学的理论家。正由于李悝、商鞅等人是法家的实际政治家，他们主要从事政治变革的活动，所以我们也就很难要求他们能建立一套法家的理论思想体系。可以说，在韩非子以前法家的理论是比较贫乏的，尤其缺乏哲学理论基础。而这一工作必须要有一位博学的学者来完成，这位法家的大学者就是韩国的公子——韩非。

（一）韩非的生平与著作

韩非（？——公元前二三三年），韩之诸公子也。"喜刑名法术之学，而其归本于黄、老。"① 韩非口吃，不善于言说，而好著书。韩非与李斯为同学，韩非见韩国削弱，曾数谏韩王，但韩王不能用。韩非痛恨治国不修明法制，不能用术势来驾驭臣下，不能实行富国强兵，而用那些没有实功而能修饰文辞好发空论的人，为此韩非"观往者得失之变，故作孤愤、五蠹、内外储、说林、说难十余万言"，② 从事于法

---

① 《史记·老子韩非子列传》。
② 同上。

家理论的研究著作工作。书成后传至秦国。秦王见孤愤、五蠹之书曰："嗟乎！寡人得见此人与之游，死不恨矣。"韩书深受秦王所器重。其时秦国攻韩，韩王本来不任用韩非，待秦进攻甚急，于是遣韩非出使秦国。秦王见到了韩非甚为喜悦，但亦未信用。李斯认为，韩非为韩国的诸公子，终为韩而不为秦，此人之常情。以此向秦王建议，既然不用韩非，不如以法诛之，以免遗留后患。秦王以为然，"下吏治非"。李斯则暗中差人送韩非毒药，使自杀。韩非欲见秦王而不得，最后只得自尽于秦国狱中。韩非怀才而不遇，终为自己的同学所杀，这是历史的悲剧！

韩非的著作有《韩非子》一书。《汉书·艺文志》著录"《韩子》五十五篇"。《隋书·经籍志》著录"《韩子》二十卷，目一卷"。现存的《韩非子》亦为五十五篇。自汉朝以来，《韩非子》流传至今，基本上无有大的变化。《四库提要》说："疑非所著书本各自为篇，非没之后，其徒收拾编次以成一帙，故在韩在秦之作均为收录，并其私记未完之稿亦收入书中，名为非撰，实非非所手定也。"此说大概是正确的。至于有些学者如胡适先生在《中国哲学史大纲》中所说，"《韩非子》十分中仅有一、二分可靠"，这种说法未免疑古太过了。《韩非子》五十五篇应该承认绝大部分都是韩非的作品。正如张岱年所说："《韩非子》大部分是韩非所著，仅有少数篇章不可靠。确非韩非所作的是《初见秦》、《有度》、《饰邪》等篇。《初见秦》的作者是谁？有人认为是范雎，有人认为是蔡泽，因其中记有秦昭王之事，可能是蔡泽所作。《有度篇》

第四章　战国末期法家学派思想的总结与秦王朝法家政治的终结

讲到齐、魏灭亡，韩非不可能见到。张岱年的这一说法可能是符合实际的。

（二）韩非对儒墨两家的批评

韩非在对待儒墨的态度上，继承了法家商鞅的传统，采取了拒斥、批判的立场。韩非在《五蠹篇》中，把儒墨的仁义思想当作为蠹虫，提出了"五蠹"之说，韩非认为仁义说教是不能治当今的天下的，仁义可以用于古代，但不能用于今世。韩非举出历史的事例以证明说："古有文王处丰、镐之间，地方百里，行仁义而怀西戎，遂王天下。徐偃王（秦秋时人）处汉东，地方五百里，行仁义割地而朝者三十有六国，荆文王（即楚文王）恐其害己也，举兵伐徐，遂灭之。故文王行仁义而王天下。偃王行仁义而丧其国，是仁义用于古而不用于今也。"① 周文王行仁义而王天下、徐偃王行仁义而丧其国，这是什么原因呢？这是因为"世异而事异"，时代变了，政事也就变了。所以，仁义"用于古而不用于今"。仁义可以用于上古三代，而"当今之世"则"争于气力"。只有靠强力才能征服天下。然而，儒墨两家不懂得这个道理，仍然在因循守旧，做着守株待兔的蠢事，宣扬着先王的仁义和兼爱天下的道理。可见他们已经是历史的落伍分子了。

韩非不仅从历史变迁的眼光说明仁义不可用于今，而且还揭露了仁义学说的自相矛盾。韩非说："楚之有直躬，其父

---

① 《韩非子·五蠹》。

111

窃羊而谒之吏,令尹曰:'杀之',以为直于君而曲于父,报而罪之。以是观之,夫君之直臣,父之暴子也。鲁人从君战,三战三北,仲尼问其故,对曰:'吾有老父,身死莫之养也。'仲尼以为孝,举而上之。以是观之,夫父之孝子,君之背臣也。"① 楚国的直躬,告发了他父亲偷羊,而被令尹以不孝诛之。鲁国的一位军士与敌国作战,三战三败,孔子问其原因,其人回答说,家有老父,我死了无人赡养,孔子以为孝,反而提拔了他。由此可见,"君之直臣,父之暴子","父之孝子,君之背臣"也。忠君孝父自相矛盾不得而立,可见君臣父子之间是不能行仁义的。

最后韩非子认为,治理国家不能用仁义,而只能靠法制和权势。"今儒墨皆称先王兼爱天下,则视民如父母之爱子",以为"以君臣为父子则必治",然而"人之情性,莫先于父母,皆见爱而未必治也。虽厚爱矣,奚遽(遽,就也)不乱?今先王之爱民?不过父母之爱子,子未必不乱也,则民奚遽治哉!"② 父母厚爱子,而子未必治,君主爱民如爱子,民亦未必能治。可见治民不在于行仁义。"民者固服于势,寡能怀于义",民服从于权势而很少能怀爱仁义的。对此韩非还举例来证明之,他说:"仲尼,天下圣人也。修行明道以游海内,海内说(即悦)其仁,美其义,而为服役者七十人,盖贵仁者寡,能义者难也。故以天下之大,而为服役者七十人,而

---

① 《韩非子·五蠹》。
② 同上。

仁义者一人。"又说："广鲁哀公，下主也，南面君国，境内之民莫敢不臣。民者固服于势。诚易以服人，故仲尼反为臣，而哀公顾为君，仲尼非怀其义，服其势也。故以义则仲尼不服于哀公，乘势则哀公臣仲尼。"① 孔子行仁义，服役者仅七十人，天下如此广大，为什么服役者仅有七十，而能成仁义的只有孔子一人呢？这是因为"贵仁者寡，能义者难也"。而鲁哀公下等的君主，却能君临国家，怀义的孔子反而为臣子，这是因为哀公乘势，"民固服于势"的缘故。以此可见，治理社会不在于仁义，而在于权势，所以韩非说："故父母之爱不足以教子，必待州部之严刑者，民固骄于爱，听于威矣。……故明主峭其法，而严其刑也。"② 只有靠严刑峻法造成的威势，才能治理好社会。而儒家反对严刑峻法，主张推行仁义之政，以此韩非抨击儒家是"以文乱法"，对法治是有害无益的。

（三）韩非对先秦法治思想的总结——法、术、势三结合的学说

在韩非之前的先秦法家学说中，在法治理论上有这样三家思想：商鞅重法、申不害言术和慎到尚势。商鞅属于魏国法家，申不害是深受齐稷下黄老学影响的韩国法家，慎到虽说为赵人，但他又是稷下学士，所以他的法家思想亦与齐法

---

① 《韩非子·五蠹》。
② 同上。

家相类。齐法家思想中已经兼采了法、术、势三种思想，但对三者之间的关系并未作论说。韩非则是集先秦法家思想之大成者。他系统地总结了先秦的法治学说，并论证了法、术、势三者之间不可偏废的关系，建立了法、术、势三结合的法治学说。

韩非在《定法篇》中首先论证了法与术两者不可偏废的道理。他说："问者曰：'申不害、公孙鞅，此二家之言孰急于国？'应之曰：'是不可程也。人不食，十日则死。大寒之隆，不衣亦死。谓之衣食谁急于人，则是不可一无也。皆养生之具也，今申不害言术，而公孙鞅为法。术者，因任而授官，循言而责实，操杀生之柄，课群臣之能者也，此人主之所执也。法者，宪令著于官府，刑罚必于民心，赏在乎慎法，而罚加乎奸令者也，此臣之所师也。君无术则弊于上，臣无法则乱于下，此不可一无，皆帝王之具也。"这即是说，法与术各有各的作用，法在于人臣能按法令赏罚，术在于人君能因任授官，考课群君，两者不可一无。为此，韩非还批评了商鞅和申不害各有所偏的缺点。他指出申不害的问题是"不擅其法不一其宪令"，以致法乱而奸多，"则申不害虽十使昭侯用术，而奸臣犹有所谲。故托万乘之劲韩，七十年而不至于霸王者，虽用术于上，法不谨饰于官之患也。"[①] 至于商鞅重法而不知术，虽说商鞅治秦"设告相坐而责其实，连什伍而同其罪，赏厚而信，刑重而必，是以其民用力劳而不休，

---

① 《定法》。

第四章　战国末期法家学派思想的总结与秦王朝法家政治的终结

逐敌危而不却,故其国富而兵强。然而术以知奸,则以其富强也资人臣而已矣,"① 以致造成"战胜则大臣尊,益地则私封立"的局面。这就是商鞅只知用法而不知用术的结果。所以,法与术是不可偏废的。

韩非在《定法篇》中最后还指出了申子未尽于术、商鞅未尽于法的毛病。申子说:"治不逾官,虽知弗言。"对此韩非批评说,"治不逾官"谓守职尚可,"知而弗言"则是错误的,人主依靠一国之目视,一国之耳听,故能"视莫明焉""听莫聪焉",如果人人都"知而弗言",那么还能靠谁来听视呢?以此韩非说,申子未尽于术。同时,韩非又提出,商鞅亦未尽于法,商君之法说,"斩一首者爵一级,欲为官者为五十石之官;斩二首者爵二级,欲为官者为百石之官",官爵与斩首之功相符合。对此韩非批评说,治官者智能也,"斩首者勇力之所加",这是两回事,因此有勇力的人不一定能当官,这就像让有斩首之功的人去从事医匠一样,是"不当其能"的。

"徒术而无法"与"徒法而无术",皆不足恃。那么有了"法"又有了"术"是否就"足恃"了呢?韩非认为要能做到"令行禁止",法令能通行无阻,人主没有"势"还是行不通的。以此韩非在《难势》中专门讨论了"势"的问题。在先秦法家中慎到是重势的。所谓"势",主要是指"权重位尊"的权势威势。慎到说:"飞龙乘云,腾蛇游雾,云罢雾霁,而

---

① 《定法》。

龙蛇与蚓蚁同矣,则失其所乘也。贤人而诎于不肖者,则权轻位卑也;不肖而能服于贤者,则权重位尊也。尧为匹夫不能治三人,而桀为天子能乱天下,吾以此知势位之足恃,而贤智之不足慕也。夫弩弱而矢高者,激于风也,身不肖而令行者,得于众也。尧教于隶属而民不听,至于南面而王天下,令则行,禁则止。由此观之,贤智未足以服众,而势位足以诎贤者也。"① 可见法家所讲的"势"是指势位、权势而言,认为只有大权在握,有了权势才能做到"令行禁止,"因此法令行通行不通不在于贤智而在于"势位"。对此,韩非自己设难说,尧为天子乘势位以治天下,桀为天子以势位以乱天下,其势位相同而有治乱的差别,这难道不是治乱不在势而在于人之贤与不肖吗?针对这一设难,韩非自己回答说,势有自然之势与人所设立之势两种,自然之势非人为所得设,势治则不可乱,势乱则不可治,这种势是指自然之势而言。至于人为之势,是对中人而设的。对中人来说,"抱法处势则治,背法去势则乱"。今"弃隐括之法,去度量之数,使奚仲为车,不能成一轮;无庆赏之功,刑罚之威,释势妄法,尧舜户说而人辩之,不能治三家。夫势之足用亦明矣,岂必待贤而治"。② 在这里韩非子所说的势除了势位之外,尚有主刑罚之威势权势。韩非的这一说法实际上是"势足恃而贤无用"的思想,他把贤与势当作矛盾之物,"不相容"的东西。其实

---

① 《韩非子·难势》。
② 同上。

第四章　战国末期法家学派思想的总结与秦王朝法家政治的终结

权势与贤智并不是矛盾的，贤智者更能用好权、掌好权，而不肖者则为滥用职权而最后破坏法治。这种情况在历史上是屡见不鲜的。所以，韩非的排斥贤智的思想是十分片面的。

法、术、势三者不可偏废；然而三者所起的作用则是有所不同的。以此韩非还分别讨论了这三者的作用。"法"是国家办理一切政务的准绳与规矩，是君臣民共同遵守的行为规范和准则。所以说："一民之规，莫若法。"① 法对上上下下都是一视同仁的，"法不阿贵，绳不挠曲。法之所加，智者弗能辞，勇者弗敢争，刑过不避大夫，赏善不遗匹夫。"② 以此法必须要使人人皆知晓，人人都能遵守。因此，法必须"编著之图籍，设之于官府，而布之于百姓者也"③，法是要公布于众的。"术"是一种驾驭、考察群臣的方法，君主颁布了法就要任用好官吏，这必须要有一套管理群臣的办法，而大臣们常常为了求得官位用假象来蒙蔽人主，使得选择的官吏不能当其任，或者出现侵权的情况，以此法家提出了"因任授官，循名责实，操杀生之柄，课群臣之能"的所谓"术"的思想。对于这一"循名责实"的考课群臣的办法，韩非作了较为详细的论说。他说："为人臣者陈而言，君以其言授之事，专以其事责其功。功当其事，事当其言，则赏；功不当其事者，事不当其言，则罚。故群臣其言大而功小者则罚，非罚小功也，罚功不当名也。群臣其言小而功大者亦罚，非

---

① 《韩非子·有度》。
② 同上。
③ 《韩非子·难三》。

不说于大功也,以为不当名也,害甚于大功,故罚。……故明主之畜臣,臣不得越官而有功,不得陈言而不当。越官则死,不当则罪,……则群臣不得朋党相为矣。"① 这即是说,考察群臣需要审合形名。要使名实相副,言与事相一致,事功符合其言者赏,不符合者罚。这样官吏就不得陈言而不当,越官而有功。这就是所谓的"审合形名"。这样做官的就能尽守自己的职责,不敢有非分的行为。由此可见,驾驭群臣的"术",是与赏罚密切结合一起的。所以韩非在《定法篇》中说:"人主有术,则能操生杀之柄,课群臣之能者也。"韩非进而还把赏罚二手称作为刑、德二柄。韩非说:"明主之所导制其臣者,二柄而已矣。二柄者,刑、德也。何谓刑、德?曰:杀戮之谓刑,庆赏之谓德,为人臣者,畏诛罚而利庆赏,故人主自用其刑德,则群臣畏其威而归其利矣。"② 人臣得其利者在于庆赏,畏其威者在于刑罚,而韩非尤其重视畏其威的刑罚,认为只有严刑峻法,才能产生莫大的威势。以此韩非说:"夫严刑者,民之所畏也;重罚者,民之所恶也。故圣人陈其所畏以禁其邪,设其所恶以防其奸。"③ 禁邪防奸要靠严刑重罚,这一思想显然是从商鞅重刑重罚思想承继而来的。同时韩非还认为,"操生杀之柄,课群臣之能"的"术",与公布于众的法有所不一样。术不欲显,术是不能公布于众的,"术者,藏于胸中,以偶众端而潜御群臣者也。……用术,则

---

① 《韩非子·二柄》。
② 同上。
③ 《韩非子·奸劫弑臣》。

第四章　战国末期法家学派思想的总结与秦王朝法家政治的终结

亲爱近习莫之得闻也。"① 考核官吏只能在背地里进行，这样才能更好地驾驭群臣。

用"术"离不开威势，用法亦要靠权威。这样"势"的作用在法、术、势三者中就显得格外的重要。韩非说："夫马之所以能任重引车致远道者，以筋力也。万乘之主，千乘之君所以制天下而征诸侯者，以其威势也。威势者，人主之筋力也。今大臣得威，左右擅权，是人主失力，人主失力而能有国者，千无一人。虎豹失其爪牙，则人必制之矣。今势重者，人主之爪牙也，君人而失其爪牙，虎豹之类也。"② 这就是说，威势是君主统治力量的来源，犹如虎豹的爪牙，虎豹之所以能胜人执百兽，就在于有爪牙，没有爪牙虎豹就失去了力量。所以，万乘之主所以能号令天下，就在于他有"威势"。这种"威势"又是靠什么因素来形成的呢？韩非认为这是靠的君主的严刑重罚，"夫严刑者，民所畏也；重罚者，民之所恶也，故圣人陈其所畏以禁其邪，设其所恶以防其奸"。③ 以此就可做到"明君无为于上，群臣竦惧乎下"。这样的君主治理国家就能做到"令行禁止"，就可使群臣"各效其能"，达到"国安而暴乱不起"。

综上所述，可见韩非认为法、术、势三者是缺一不可的。作为一个中央集权的封建专制主义的君主，就必须把法、术、势结合起来实行统治。以此，韩非为尔后我国封建社会的君

---

① 《韩非子·难三》。
② 《韩非子·人主》。
③ 《韩非子·奸劫弑臣》。

主专制主义提供了一套统治的学说和理论。

（四）韩非的"参验"学说

韩非提倡"循名责实"、"审合刑名"的课察群臣之"术"，与之相应，韩非还提出了一个具有唯物主义认识论的"参验"学说。韩非认为，考察官吏，识别一个官吏的好坏，决不能只听其言，而是要把他所说的话，放到实际行事中去看其效果，把言与事加以对照比较，才能断定一个人的言论的真假和一个官吏的有无真才实学。韩非说："人主将欲禁奸，则审合刑名者，言与事也。为人臣者陈而言，君以其言授之事，专以其事责其功。功当其事，事当其言，则赏；功不当其事，事不当其言，则罚。故群臣其言大而功小者则罚，非罪小功也，罚功不当名也。群臣其言小而功大者亦罚，非不说于大功也，以为不当名也害甚于有大功，故罚……故明主之畜臣，臣不得越官而有功，不得陈言而不当。越官则死，不当则罪，……则群臣不得朋党相为矣。"① 言要与事功相当，言过与不及都是名实不当，都要受罚。这样明主的群臣不得越官而有功，不得陈言而不当，皆能各守其业，所言而当。怎样来判断言论的真伪呢？在此韩非明确地提出了"参验"的思想。何谓"参验"？参验即是"偶参、伍之验，以责陈言之实"。"参"即三，"伍"即五。偶，符合。这里指对一个人的言论要进行众多方面的对比、比较加以验证。这种

---

① 《韩非子·二柄》。

第四章 战国末期法家学派思想的总结与秦王朝法家政治的终结

"参伍之验",亦叫做"众端以参观"。这正如冯友兰所解释的那样,即"要想了解事情真相,不能专从一方面看,必须把许多方面的情况搜集起来,排一排队加以比较研究,看这个人所说的话是不是在各方面都得到证实。①"在这种对比验证中,尤其要看实践的效果,而不能只凭一个人的言辞和一些表面的现象。韩非说:"人皆寐,则盲者不知,皆嘿,则喑哑者不知。觉而使之视,问而使之对,则喑盲者穷矣。不听其言也,则无术者不知;不任其身也,则不肖者不知;听其言而求其当,任其身而责其功,则无术不肖者穷矣。夫欲得力士而听其自言,虽庸人与乌获(秦武王之力士)不可别也。授之以鼎俎则罢、促效矣。故官职者,能士之鼎俎也,任之以事,而愚智分矣。……明主听其言必责其用,观其行必求其功。"② 这即是说,实践,实效是判断言论、是非,识别事物的标准。这就是要"听其言而求其当,任其身而责其功",选拔考察官吏,就必须要"任之以事",在实践中加以考察识别,这样是智是愚就能分别清楚了,犹如要求得力士不能只听其自言有力,而必须使之去扛鼎,就能识别出谁是力士了一样。所以,选拔官吏必须要进行实际考察,运用"参验"之法。

(五) 韩非的人性论与非道德主义思想

韩非在人性论上,深受其老师荀子的影响。荀子提出了

---

① 冯友兰:《中国哲学史新编》(第二册),人民出版社,1984年。
② 《韩非子·六反》。

"人性恶"的学说,把人的生理和心理的欲望当作人的原初本性。同时,荀子又提出了"善者伪也"的思想,认为"善"是后天人为的,主张用礼教和法治来"化性起伪"。韩非接受了荀子"人性恶"的思想,提出了"人性自利"说。但又并不主张"化性起伪",而提倡"因人情"思想。所以,师生之间在人性论上还是有着很大区别的。

"人性自利"或称"人性自私"说,最初也是有早期的法家代表人物慎到、商鞅等人提出的。《慎子·因循》说:"人莫不自为也。"《商君书·算地》则说:"名与利交至,民之性。饥而求食,劳而求佚,苦则索乐,辱则求荣,此民之情也。"这些说法都是把人性当作本来就是利己、自私的。

韩非同样继承了早期法家的这一思想,认为人性是利己的。韩非说:"好利恶害,夫人之所有也。"又说:"喜利畏罪,人莫不然。"[1] 好利恶害出自人的本性,"情莫不出其死力以致其所欲"[2],追求欲望则是人之常情。以此,韩非把人与人之间一切关系。都看成是一种利害的关系,一种双方计较利益而进行的买卖关系。

韩非从人性自利说出发,认为父子、君臣乃至一切人与人之间的关系都是计较利害的关系。韩非说:"且父母之于子也,产男则相贺,产女则杀之。此俱出父母之怀衽,然男子受贺女子杀之者,虑其后便,计之长利也。故父母之于子也,

---

[1] 《韩非子·难二》。
[2] 《韩非子·制分》。

第四章 战国末期法家学派思想的总结与秦王朝法家政治的终结

犹用计算之心相待也，而况无父子之泽乎。"① 这里所说重男轻女杀死女婴的事，社会上确实存在的，但这并不能证明父母之于子女没有慈爱的心，只有"计算之心"。韩非在此只是以特殊来代替一般，以此说来证明父子之间只有利害关系而已。韩非进而认为在家庭中，不仅父子而且夫妻之间更是以利害关系相待的。他说："夫妻者，非有骨肉之恩也，爱则亲，不爱则疏。……丈夫年五十而好色未解也，妇人年三十美色衰矣。以衰美之妇人事好色之丈夫，则身死见疏贱，……此后妃夫人之所以冀其君之死者也。"② 在韩非看来，在以血缘为纽带而结合起来的家庭中，也不存在儒家所宣扬的温情脉脉的亲亲关系，而只存在着互相计较利害的心。

在严肃的君臣关系上，韩非认为也只是存在着一种计较利害的买卖关系。君主和大臣之间两者利害是不同的，"主利在有能而任官，臣利在无能而得事；主利在有劳而爵禄，臣利在无功而富贵；主利在豪杰使能，臣利在朋党用私"。③ 以此韩认为君臣之间是一种"官爵"和"效力"之间的买卖关系："臣尽死力以与君市，君垂爵禄以与臣市，君臣之际，非父子之亲也，计数之所出也。"④ 君臣之间，非父子之亲，父子之间尚且是利害的关系，那么君臣之间也就更是一种计较利害的买卖关系了。

---

① 《韩非子·六反》。
② 《韩非子·备内》。
③ 《韩非子·孤愤》。
④ 《韩非子·难一》。

至于一般人与人之间的关系，则完全被编织在利害关系之网上，人与人之间没有什么"爱"，没有什么真情实意，都被打入在冷冰冰的利害关系的深渊之中。总之，人与人之间的关系都是一种雇佣关系、买卖关系。"夫卖庸而播耕者，主人费家而美食，调布而求易钱，非爱庸客也，曰：如是，耕者且深耨者熟耘也。庸客致力而疾耘耕者，尽巧而正畦陌者，非爱主人也，曰：如是，羹且美钱布且易云也。……皆挟自为心也。"这是说，雇农夫耕种土地，主人费家产而供养膳食，选择布匹换取钱币，以付工钱，并不是主人热爱雇工，这是因为只有这样做，雇工才能深耕细作。雇工全力耕耘，尽力平整好土地，也并不是热爱主人，这是因为只有这样做，主人才能供养好的膳食和选择布匹换取钱币以付给工钱。以此韩非得出了人"皆挟自为心"的结论。一句话，人心是自利的自私的。人皆是自私的，都是为自己的私利打算的，那么社会的秩序又怎样才能维持呢？国家又能采用什么样的办法来治理呢？在此韩非提出了"凡治天下，必因人情"的主张。在这里韩非是与其老师荀子的思想不一样的。荀子在自己的"人性恶"学说基础上，提出了"化性起伪"，克制恶欲，人为造就善的伦理思想，韩非则不讲"化性起伪"说，而主张因循人性私利说。韩非在《八经》中说：

凡治天下，必因人情。人性者有好恶，故赏罚可用，赏罚可用则禁令可立，而治道具矣。

第四章　战国末期法家学派思想的总结与秦王朝法家政治的终结

所谓"因人情",即是顺其人性之所好而赏,顺其人性之所恶而罚。人性好利,统治者可用奖赏的办法鼓励人好利。人性好名,统治者可用奖赏的办法鼓励人好名。"人情莫不出其死力以致其所欲。"① 以此,统治者就应该用爵禄,来诱导奖励之。人情恶刑罚,统治者就可用重法来使民畏禁之。所以,韩非说:"赏莫如厚,使民利之;誉莫如美,使民荣之;法莫如重,使民畏之;毁莫如恶,使民耻之。"② 总之,治理社会应当采取因顺人性的做法,即要用重赏重罚的法治。韩非是一位坚决主张法治主义的学者。

孔孟儒家崇尚德教,主张"为政以德",辅之以刑治,把道德教化作为治国的根本。荀子儒学不同于孔孟,主张礼、法双行,但仍然把礼义教化放在首位,重视礼教的作用。法家韩非则一反儒家的做法,提出了道德教化无用有害论。他说:

> 今有不才之子,父母怒之弗为改,乡人谯之弗为动,师长教之弗为变。夫以父母之爱,乡人之行,师长之智,三美加焉而终不动,其胫毛不改,州部之吏操官兵,推公法而求索奸人,然后恐惧,变其节,易其行矣。故父母之爱不足以教子,必待州部之严刑者,民固骄于爱,听于威矣。③

---

① 《韩非子·制分》。
② 《韩非子·八经》。
③ 《韩非子·五蠹》。

父母之爱，师长之教，皆不能改变不才之子的行为，只有待州部官吏操兵执法以治之，才能"变其节，易其行矣"。由此可见，父母之爱不足以教子。韩非的结论是："严家无悍虏，而慈母有败子，吾以此知威势之可以禁暴，而德厚之不足以止乱也。"① 在这里道德教化无用，只有用严刑峻法才能服人。

韩非不仅认为道德教化无用，而且进而认为道德是有害法治的。他说：

世主美仁义之名，而不察其实，是以大者国亡身死，小者地削主卑，何以明之？夫施与贫困者，此世之所谓仁义；哀怜百姓，不忍诛罚者，此世之所谓惠爱也。夫有施于贫困，则无功者得赏；不忍诛罚，则暴乱者不止。国有无功得赏者，则民不外务当敌斩首，内不急力疾作，皆欲行货财，事富贵，为私善，立名誉，以取尊官厚俸。故奸私之臣愈众，而暴乱之徒愈胜，不亡何待？

仁义惠爱，将会造成无功受赏、有罪不罚而破坏法治。这样就会使得百姓在外不勇敢杀敌，在内不积极耕种，有害于农战，更能使得他们去为私善立私名以求取尊官厚禄，从而造成"奸私之臣愈众，而暴乱之徒愈胜"，闹出亡国灭身的危险。可见，仁义道德是有害无益的。以此韩非提出了"以

---

① 《韩非子·显学》。

第四章　战国末期法家学派思想的总结与秦王朝法家政治的终结

法为教"、"以吏为师"一切皆以法断的泛法治主义思想。他说:

> 故明主之国，无书简之文，以法为教；无先王之语，以吏为师；无私剑之捍，以斩首为勇。是以境内之民，其言谈者必轨于法，动作者归之于功，为勇者尽之于军。①

"无书简之文"，"无先王之语"，这就是废弃历史文化遗产。一切以法为教，以吏为师。这就是要否定道德教化的作用，否定教育作用的一种非道德主义的思想。在治理社会中，道德与法律本是两个相辅而行互为补充的两大手段：一个是软的一手，一个是硬的一手，两手不可偏废。法有法治理的范围，道德教化有道德教化的范围，道德教化可以促进法治的执行，法治亦可保证道德教化的实现。韩非否定道德的作用，只讲法治一手，这是一种片面的崇尚暴力，认为法治可以解决一切的泛法治主义思想。

（六）韩非的人口论与进化历史观

在对社会历史的看法上，韩非主要是继承了商鞅法家的思想。商鞅把人类历史的发展分为上世、中世、下世三个时期。并认为随着时势的变化，上世"亲亲而爱私"，中世"尚贤而悦仁"，下世"贵贵而尊官"。这就是商鞅的所谓"三世

---

① 《韩非子·五蠹》。

演进说"。韩非承继了商鞅这一历史发展的思想,也认为人类的历史已经经过了上古、中古、近古三个时期。他在《五蠹》篇中说:

上古之世,人民少而禽兽多,人民不胜禽兽虫蛇。有圣人作,构木为巢以避群害,而民悦之,使王天下,号之曰有巢氏。民食果蓏蚌蛤,腥臊恶臭而伤腹胃,民多疾病。有圣人作,钻燧取火,以化腥臊,而民悦之,使王天下,号之曰燧人氏。

中古之世,天下大水,而鲧禹决渎。

近古之世,桀纣暴乱,而汤武征伐。

在这里韩非所说的上古、中古、近古是与商鞅所讲的上世、中世、下世有所不同。商鞅的三世说重视社会上层建筑方面的变迁,即所谓亲亲、尚贤、贵贵之不同。而韩非考察人类社会的发展着眼于物质生活方面的变化。韩非描绘的上古之世主要是人民少而禽兽多,人民不胜禽兽故构木为巢以避群害;民食果蓏蚌蛤,腥臊恶臭伤害腹胃,故钻燧取火以化腥臊。至于中古之世只讲了鲧禹治水,亦是与人民物质生活直接有关。只是在近古时才谈到了桀纣暴乱,汤武征伐,属于上层建筑的事。可见韩非是比较重视人类社会的物质生活的变化的。正由于韩非比较重视这一点,所以他在考察人类社会发展的动因时,也能从经济生活的角度来看待问题。为此,他在考察古代社会发展的原因时说:

第四章 战国末期法家学派思想的总结与秦王朝法家政治的终结

古者丈夫不耕,草木之实足食也;妇人不织,禽兽之皮足衣也。不事力而养足,人民少而财余,故民不争。是以厚赏不行,重罚不用,而民自治。今人五子不为多,子又有五子,大父未死而有二十五孙。是以人民众而货财寡,事力劳而供养薄,故民争,虽倍赏累罚而不免于乱。①

远古时代最初所以男不耕女不织,在于人民少,而财有余,草木之果实足食,禽兽之皮足衣,以此只要利用现成的自然所赐予的恩施就足食足衣了,所以当时的老百姓发生不了争斗,赏罚可不用而民能自治。然而,当今时代人口多了,自然所给予的货财少了,积极从事劳动尚且供养不够,所以老百姓之间为争夺物质生活资料而发生了矛盾、争斗,这就是社会发生乱的原因。在这里,韩非看到了人口众多给社会带来的祸患,这是有见地的。但他把社会的混乱仅仅归结为人口众多问题,这是不科学的也是不符合历史实际的。由此可见,韩非的人口论是带有片面性的。

韩非最后还从物质生活原因出发,考察了人类社会中经济生活与政治、经济生活与道德等上层建筑的关系。韩非首先认为,古代天子的易让与当今县令之难去,并不是古代人品行高尚,现代人品行低下的原因,而在于俸禄厚薄,财货多寡的经济原因所造成的。古之让天子与今之难去县令,并不是古人品德高,今人品德低,古之"轻辞天子,非高也,

---

① 《韩非子·五蠹》。

势薄也",今之难去县令,亦应是品德"非下也,势厚也"的缘故。至于社会的道德水准的提高与下降,依韩非看来,也完全是由财富的多寡所决定的。他说:"饥岁之春,幼弟不饟;穰岁之秋,疏客必食。非疏骨肉爱过客也,多少之实异也。"① 饥荒年连小孩都知道吝啬,丰收年则爱及过客,这种变化全是由财富多寡的不同所造成的。之所以有古今道德的不同,也是由于古今财富多寡不同而已"是以古之易财非仁也,财多也;今之争夺,非鄙也,财寡也"。为此,治理社会的最高统治者就应考虑财物的多少、俸禄的厚薄来从事政治,所以,"罚薄不为慈,诛严不为戾",严刑重罚完全是适应着时俗而行的,时代变了,政治措施亦应按照时代的变化而变化,决不能做墨守成规的守旧派。

韩非的历史进化论是与历史的复古派、保守派的思想针锋相对的,韩非认为历史既然是进化的不是一成不变的,"古今异俗,新故异备"。以此,他提出了圣人"不期修古,不法常可,论世之事,因为之备"的思想,主张根据变化了的实际情况来制定国家的政治措施。韩非批评那些不想随着时代变化而变化的保守派们,就像愚蠢的守株待兔的人一样可笑。韩非嘲笑这些人说:"宋人有耕田者,田中有株,兔走触株,折颈而死,因释其耒而守株,冀复得兔,兔不可复得而身为宋国笑。今欲以先王之政,治当世之民,皆守株之类也。"②

---

① 《韩非子·五蠹》。
② 《韩非子·五蠹》。

第四章　战国末期法家学派思想的总结与秦王朝法家政治的终结

墨守成规,眼睛只看着先王,一切效法先王,不敢越雷池一步,这样的守旧派人物,难道不正是那个愚蠢的守株待兔的人吗?!

(七) 韩非关于道、德、理的思想

　　韩非之学本于黄老。他曾著有《解老》《喻老》两文,继承和改造了老子的哲学思想。法家本来是一个比较缺乏哲学理论思维的学派,在战国前期和中期的法家人物,如李悝、商鞅、吴起等人,他们都是积极的社会政治改革家,亦无暇去顾及哲学问题的思考。只有战国后期的法家学者韩非在总结历史上的法家学说时,才对整个自然界和人类社会作了哲学的考察。一个哲学体系的建立,总是依赖于前人的哲学资料,韩非的哲学主要是吸收和改造了老子的思想。他的《解老》《喻老》两文是我国历史上第一次对《老子》一书思想所作的哲学诠释。

　　《老子》哲学中最根本的概念是"道"。韩非则也把"道"当作自己哲学的最高范畴。《老子》中的"道"大致有两层含义:一、道是宇宙万物的起源,道生成万物。二、道是宇宙的法则,具体事物的道(法则),有天之道、人之道等等。这些都是"非常道"(不是永恒的道),只有宇宙万物最普遍的法则才是"常道"(永恒的道),作为宇宙法则的道即是常道。韩非哲学中作为最高范畴的"道"亦与老子一样有两层意思,一是指宇宙的起源,一是指宇宙的法则。但韩非与老子又有所不同,老子哲学比较偏重于第一层含义,强调的是道生万

131

物（宇宙生成论），而韩非强调的是道为万物的法则，并不过多地去论证道生天地万物的问题。

就老子哲学中道为万物的起源而言，在韩非哲学中虽亦有所论说，但并未得到展开，只是在《主道篇》中涉及这一问题。韩非说："道者，万物之始，……是以明君守始以知万物之源。"① 这里的"始"与"源"，就是讲的起源、开始，道为万物之始，道为万物之源，即道有始成万物的意思。但道究竟是怎样始成万物的这里并没有加以说明。韩非哲学的重点则放在论说道为宇宙万物的法则上。韩非在《解老篇》中曾多次地阐说了这一"道"。他说：

道者，万物之所然也，万理之所稽也。理者，成物之文也，道者，万物之所以成也。故曰：道，理之者也。物有理不可以相薄。物有理不可以相薄故理之为物之制。万物各异理，万物各异理而道尽稽万物之理，故不得不化，不得不化，故无常操，无常操，是以死生气禀焉，万智斟酌焉，万事废兴焉。天得之以高，地得之以藏，维斗得之以成其威，日月得之以恒其光，……。

这一长段是专门谈道与理的，但文字有些难解，要弄清这一段的意思。需要先解释清一些词与句子：所然，指万物已经存在的状况。所以成，指万物形成的根据。稽，相合、

---

① 《韩非子·主道》。

第四章 战国末期法家学派思想的总结与秦王朝法家政治的终结

一致。文,文理。薄,即迫,相侵犯。这一大段的意思是说,道是万物存在的状态,万理与之相符合。理为形成万物的文理条理,道是所以形成万物的根据。所以说:道,使万物有条理。物皆有自己的条理,物与物之间不可相互侵犯,所以理使事物得以区分。万物各异理,而道完全与万物之理相符合,所以道随万理而不得不化,因此,道没有固定的形式,万物命气禀生死、万智的不齐,乃至万事的兴废,都根由于道。天得道则能高,地得道则能深藏,日月星辰得道则能成其光辉照耀。在这里韩非讲的比较清楚,道是万物所以成的根据,道使万物普遍有条理,即道是万物的最普遍的法则,而万物又各有理,道与万理的关系是一般与特殊的关系。所以,道是与万理相符合的道,随万理而变化,所以道无常操。可见,一般是不能脱离特殊的,道是不能脱离万理的。又韩非在解释《老子》的"道之可道,非常道"时说:"凡理者,方圆、短长、粗靡、坚脆之分也。故理定而后可得道也。故定理有存亡,有死生,有盛衰。夫物之一存一亡,乍死作生。初盛而后衰者,不可谓常。唯夫与天地之剖判也具生,至天地之消散也不死、不衰者谓常。而常者,无攸易,无定理,无定理非在于常所,是以不可道也。"[①] 韩非讲的理是分理、定理,讲的是方圆、短长、粗细、坚脆等具体的法则,这些分理、定理能使万物区分开来,它们也随着物的存亡而存亡,所以不是常道,只是与天地的剖判俱生至天地之消散而不死

---

① 《韩非子·解老》。

不衰的理,即宇宙万物最普遍的理才是常道。

从以上的思想中,我们可以看到,韩非所强调的道主要是宇宙万物的普遍法则,而不是宇宙的起源与开端。至于韩非为什么要强调道是普遍法则和具体的万物各有定理呢?看来这也是与他所主张的法治思想有关的。这正如韩非所说:"短长、大小、方圆、坚脆、轻重、白黑之谓理。理定而物易割也。故义于大庭而后言则立,权议之士知之矣。故欲成方圆而随其规矩,则万事之功形矣。而万物莫不有规矩。议言之士,计会规矩也。圣人尽随于万物之规矩。故曰:'不敢为天下先。'"万事万物皆有定理,定理就是规矩,有规矩才能成方圆,所以圣人办事尽随万物的规矩。由此即可推出一个结论,治理社会亦要有规矩,这个规矩就是法制。可见韩非强调事物之规矩是与他主张法治有着密切关系的。

韩非哲学中另一个重要概念是"德",德在老子的哲学中本指事物的本性即德性,宇宙的本源"道"的本性称作"玄德",天地万物的德性是由"道"而来的,所以《管子·心术上》说:"德者,得也。"又说:"得也者,谓其所得以然也。"这即是说,德就是指事物得到了"道"后而成为自己的样态。但《管子·心术》所理解的道则为精气,这是与老子所理解的道不一样的。《管子·心术》并认为人的聪明智慧就在于人得到了精气"道",人的心则是精舍,心中积了精气就能思虑聪慧,所以这种精气亦叫作神气或神,"神"者,至贵也。故曰不洁则神不处,心体如何辟除做到洁呢?这就是要使心保持虚静无为,只有恬淡虚静,"神将自来"。韩非在讨论"德"

第四章 战国末期法家学派思想的总结与秦王朝法家政治的终结

时,对《管子·心术》这一黄老学派的思想亦有所继承。他也把"德"解释成得到了神。韩非在解释《老子》的三十八章时说:"德者,内也。得者,外也。上德不德(得),言其神不淫于外也。神不淫于外则身全,身全之谓德。德者,得身也。凡德者,以无为集,以无欲成,以不思安,以不用固。为之欲之,则德无舍,德无舍则不全,用之思之则不固,不固则无功,无功则生于德(得),德(得)则无德。不德(得)则有德。故曰:'上德不德(得),是以有德。'"① 德为内为神。得为外为得到外物,外物进入内部则扰乱了内心。所以说"上德不德(得)","言其神不淫于外也"。内神不为外物所引诱则身全,身全就是内部有德。所以德亦就是保持神于身。如何保持住神呢?保持神就要使心能无为、无欲、不思、不用,处于虚静的状态,有作为有欲望用心思,神就不能留住,就为外物所引诱去了。所以说,"德(得)则无德,不德(得)则有德"。在这里,韩非所说的神,主要是指人的精神,人的聪明和智慧。韩非提倡爱惜精神。以此他在解释《老子》的"治人事天莫若啬"时说:"书之所谓治人者,适动静之节,省思虑之费也。所谓事天者。不极聪明之力,不尽智识之任。苟极尽则费神多,费神多则盲聋悖狂之祸至,是以啬之。啬之者,爱其精神,啬其智识也。"故曰:"治人事天,莫如啬。"② 这即是说,运用思虑聪明和智慧皆

---

① 《韩非子·解老》。
② 《韩非子·解老》。

得适度，不能过度，过度则费精神，精神费多了就会生出毛病来，所以韩非主张要爱惜精神。至于韩非所理解的"神"，是否也是《管子·心术》中所讲的精气或神气呢？在这一点上似乎韩非并没有交代得很清楚。韩非也曾经明白地说过"身以积精为德"，人身中的德为积精所致。但这里的"精"并没有说是精气。韩非又说："知治人者，其思虑静；知事天者，其孔窍虚。思虑静德不去，孔窍虚则和气日入，故曰："重积德。夫能令故德不去，新和气日至者，蚤服者也。"故曰："蚤服是谓重积德。"这里韩非谈到了"和气"，并认为思虑静可使"故德不去"，孔窍虚可使"新和气日至"。故德不去，和气日至又称为"蚤服"和"重积德"。这说明"德"是可以积累的，故德不去，新德又来，而新德之来又在于和气日至。可见新德来源于新和气，那么"故德"亦可能是来源于旧和气的。以此韩非所讲的德或神仍然是一种物质的形态——和气。由此可知，虽说韩非并没有明确把德或神看作是精气。但把德或神视作为积气的观点，仍然是接受了黄老思想的影响的结果。"和气"的思想最早是由老子所提出的。《老子》中说："道生一，一生二，二生三，三生万物，万物负阴而抱阳，冲气以为和。"这里的"冲气以为和"，就是讲的和气，之后《管子·内业》中也把精气（即"道"）看作是"浩然和平"的气，其书中说："精（精气）存自生，其外安荣，内藏以为泉原，浩然和平，以为气渊。"《老子》和《管子·内业》虽说都没有明确提出"和气"这一概念，但"冲气以为和"和把精气描绘为"浩然和平"的状态，都包含有

"和气"思想的,所以韩非把"德"或"神"说成是一种"和气",显然是与黄老思想有着密切联系的。

(八) 韩非的矛盾学说与辩证法思想因素

韩非论矛盾的思想在中国思想史上是十分有名的。《韩非子·难势》中说:

人有鬻矛与盾者,誉其盾之坚,物莫能陷也。俄而又誉其矛曰:"吾矛之利,无不陷也。"人应之曰:"以子之矛陷子之盾何如?"其人弗能应也。以为不可陷之盾,与无不陷之矛,为名不可两立也。

一个商人在出卖自己的矛与盾时,一会儿称誉自己的盾的坚固,说它没有任何一种兵器可以刺透它;一会儿称誉自己的矛的锐利,说它没有什么东西不能刺透。这样的说法就发生了一个问题,假若用他自己的矛去刺他自己的盾又会怎样呢?"物莫能陷"与"物无不陷",这两个判断是不可能同时成立的,这就是个"矛盾"。在形式逻辑的思维规律中,是不允许有这种矛盾存在的。形式逻辑的矛盾律,要求在同一时间同一关系同一论域的思维过程中,对同一对象不能作出两个互相矛盾的判断。矛盾律要求保持思维的确定性、一贯性和不矛盾性。在这里韩非对于形式逻辑的矛盾律是有深刻的认识的。他在中国逻辑思想史中第一次把矛盾律明确地提了出来。但这是一个初级的思维规律,它的作用在于克服思维中的自相矛盾的逻辑错误。而矛盾或对立,从辩证观点来看,在客观世界中确是普遍存在的,矛盾规律即对立统一规律,是辩证法的根本规律。对于这一辩证法的根本规律,韩非亦有所认识。辩证法认为,矛盾既有斗争性的一面,又有同一(统一)性的一面,既同一又斗争故能构成矛盾。韩非的思想中对矛盾的斗争性与统一性都有所涉及,但他又有片面强调斗争性的倾向,而没能把斗争性与统一性有机地结合起来。

老子讲矛盾只讲统一性,而不讲斗争性,主张"知和曰常",提倡"和"而不主张"斗"。韩非与老子相反,而强调斗争性忽视统一性,提出了"凡物不并盛,阴阳是也"的思想,认为阴阳消长总是一方克服一方的,"不相容","不两立"的。韩非的整个思想也确是锋芒毕露,具有强烈的斗争批判性。如他坚决地批判与抛弃儒家的仁义之说,而力主法治和暴力。又如,他甚至认为儒墨两家之间也是水火不相容的,犹如"冰炭不同器而久,寒暑不兼时而至"。其实,儒墨两家乃至儒法两家之间都是既有斗争的一面,也有着统一性的一面。只是由于韩非过分地强调了斗争性,才产生了忽视它们两者之间的统一性问题。在这里,韩非并没有能辩证地解决统一性与斗争性的关系。

当然,对于矛盾的统一性,也不能说韩非一无认识。韩非在《解老》中接受并改造了老子的矛盾转化的思想,这不能不说他对矛盾同一性还是有着一定认识的。尤其是老子讲转化是不讲条件性的(老子讲"祸兮福之所倚","福兮祸之所伏",福祸转化并未讲条件),韩非则克服了老子讲福祸转

化思想的不讲条件的缺点,比较全面深刻地阐说了祸、福相互转化的思想。韩非说:

> 人有祸则心畏恐,心畏恐则行端直,行端直则思虑熟,思虑熟则得事理。行端直则无祸害,无祸害则尽天年。得事理必成功。尽天年则全而寿,必成功则富而贵,全寿富贵之谓福。而福本于有祸。故曰:"祸兮福之所倚。"以成其功也。①

韩非的这一分析是十分精彩的。"祸"为什么能转化为福呢?这是由于得了祸的人,心里畏恐,行为端正,深思熟虑的关系,所以办起事来就能得事理而无祸害,以此能得到成功。如果没有这些心恐、行直、熟虑的主观努力的条件,当然办事就不可能成功,祸也就不能转化为福了。同理,福之转化为祸,其间也有一定的条件的,这主要是得福的人生了骄心,骄则必败的缘故。由此可见,韩非认为祸福这一矛盾的转化是有条件的。这一思想阐说得比老子深刻得多,具体得多,亦是比较符合客观实际的。

第三节　秦王朝法家政治的兴亡

在战国时代,自秦国孝公重用商鞅实行变法以来,秦国

---

①　《韩非子·解老》。

走上了富强之路，成为了当时一等强国而称霸于天下。公元前三三〇年左右，秦国前后多次发兵进攻魏国，魏国失去了全部河西的领土。公元前三二五年，秦惠文王始称王。公元前三一八年，魏国联合赵、韩、燕、楚"合纵"攻秦，被秦兵打得大败。公元前三一六年，秦军又攻占赵国的中阳（今山西乡宁）和西都（今山西平遥）。公元前三一四年，秦又大败韩军于岸门。公元前三〇八年，秦武王发兵攻下了韩国的宜阳（今河南宜阳）。公元前三一二年，秦楚大战于丹阳（今河南淅川一带），秦又大败楚军，震惊了山东六国。由于秦国不断地发动兼并战争，到秦昭王时代，秦国已经占有了三晋的上郡、河东、上党、河内、南阳等地，南面则占有了巴、蜀及汉中郡、黔中郡等，成为天下最强大的国家，基本上已经奠定了统一六国的基础。而最后完成统一中国建立秦王朝伟大历史任务的，则是秦始皇。秦始皇是我国历史上最大的一位法家政治家。他所建立的秦王朝也是我国历史上唯一的推行法家政治的王朝，他的成功是最大的，他的失败也是最惨的，秦始皇的成功与失败，都在我国历史上产生了深远的影响。

秦始皇于公元前二五九年，生在赵国的邯郸，其父名子异（即庄襄王），为秦国的公子，作为人质来到赵国。子异在赵国，"见吕不韦姬，悦而取之，生始皇"。秦始皇，名政，原姓赵氏，后改为嬴政。嬴政十三岁时其父庄襄王死，自此代立为秦王，其时在公元前二四六年。秦王即位后，以吕不韦为相，招致宾客游士，欲以并天下，开始准备统一六国。

第四章　战国末期法家学派思想的总结与秦王朝法家政治的终结

公元前二三七年秦王政亲自执政，重用法家政治家李斯等人，开始大规模出兵，逐个歼灭山东六国。公元前二三〇年，秦灭韩。公元前二二八年攻下赵国都城邯郸，虏赵王迁。公元前二二六年攻破燕，燕王喜逃往辽东。公元前二二五年攻下魏都大梁，魏王投降，灭魏。公元前二二三年，秦将王翦率六十万大军攻楚，次年楚亡。公元前二二二年，秦攻占辽东。次年又最后灭齐，统一了全中国。

秦王政统一了全国后，建立了一个东至海，西至甘肃青海高原，南至岭南，北至河套、阴山、辽东的幅员辽阔的中央集权的封建大帝国。秦始皇继续着秦国商鞅以来的变法措施，在全中国进一步推行法家政治。秦始皇与李斯等人，在秦王朝所实行的法家政治主要有如下几方面的措施：

（1）建立封建君主专制主义的中央集权制。

秦王政用武力统一六国之后，立即把全国统治权力集中到中央君主手中，建立了至高无上的皇权。秦王政二十六年，即实现了全国统一的那一年（公元前二二一年），嬴政即召集大臣议称帝号。李斯等人称："今陛下，兴义兵，诛残贼，平定天下，海内为郡县，法令由一统，自上古以来未尝有，五帝所不及。臣等谨与博士议曰：古有天皇，有地皇，有泰皇，泰皇最贵。臣等昧死上尊号，王为泰皇。"[①] 而秦王政则听取了他们的建议。号曰"皇帝"，并称为"始皇帝"，希望"后

---

① 《史记》卷六《秦始皇本纪》。

世以计数,二世三世至于万世,传之无穷"。① 中国封建社会的皇帝名号自此采用,之后一直沿袭两千年之久,直至清王朝的灭亡而告终。"皇帝"意味着功过三皇,德超五帝,是至高无上的皇权的象征。

当然,更改名号尚是建立中央君主集权的一种形式,要把封建专制主义的中央君主集权真正地建立起来,必须要有制度的保证。这就是在全国范围内,推行郡县制,而废除分封制。分封制这一制度是西周社会在全国实行的一种制度,它与宗法制相结合,当时周天子把同姓的贵族或一部分有功于西周的异姓贵族,分封到各地建立诸侯国。诸侯在自己的封国内享有世袭的特权,封国具有较大的独立性。有自己的经济、政治、军事权力,它们对于周天子仅有定期朝贡和提供力役等义务。这种分封制重在地方分权,以此到了春秋时代,在全国就演成了分裂割据的局面,周王朝中央政府失去了控制权。郡县制与分封制不同,它废除了贵族的世袭特权,废除了封国,把全国的地方政权划成郡、县两级、郡设郡守,县设县令,郡县两级长官均由中央政府任免。这样权力集中到了中央,从而郡县制成为了专制主义中央君主集权制度的一个重要组成部分。这一制度始于春秋时代,当时秦、晋、楚等国最初在边地设县,后逐渐推行到内地,并逐渐地形成了县统于郡的两级地方行政制度。建立郡县制还曾是商鞅变法中的一个重要内容。郡县制是一个加强中央集权所不可缺

---

① 《史记》卷六《秦始皇本记》。

第四章　战国末期法家学派思想的总结与秦王朝法家政治的终结

少的制度。所以秦始皇与李斯等人，力主在全国推行郡县制而反对恢复分封制。

在推行郡县制还是恢复分封制问题上，秦始皇时，还发生了一场大的辩论。一些大臣主张在边远地区推行分封制，建立诸侯王国，而李斯则坚决反对分封制。关于这一争论，《史记》记载说：

> 丞相绾等言：诸侯初破，燕、齐、荆地远，不为置王，毋以填之。请立诸子，唯上幸许。始皇下其议于群臣，群臣皆以为便。廷尉李斯议曰：周文、武所封子弟同姓甚众，然后属疏远，相攻击如仇，诸侯更相诛伐，周天子弗能禁止。今海内赖陛下神灵一统，皆为郡县，诸子功臣以公赋税重赏赐之，甚足易制，天下无异意，则安宁之术也，置诸侯不便。始皇曰：天下共苦战斗不休，以有侯王。赖宗庙，天下初定，又复立国，是树兵也，而求其宁息，岂不难哉！廷尉议是。①

丞相绾认为燕、齐、荆楚属于边远地区，为了便于统治应该分封诸子为诸侯王。李斯则考察了西周王朝分封诸侯的历史教训，认为分封诸侯会酿成战乱和国家分裂的局面，只有设置郡县才能保证一统天下。李斯的这一议论是有道理的，得到秦始皇的赞同，并"分天下以为三十六郡"，从而在全中国实行了郡县制度。

---

① 《史记》卷六《秦始皇本纪》。

(2) 实行文化专制主义。

以商鞅、韩非为代表的法家都有非道德主义思想倾向,他们否定思想教化的作用,忽视意识形态对巩固政权和稳定社会的意义。商鞅否定《诗》、《书》、《礼》、《乐》等儒家经典,主张治理国家"一断于法",一切都用刑法来治理。韩非在此基础上更提出了"明主之国,无书简之文"、"无先王之语"和"以法为教"、"以吏为师"的思想。这种极端的否定文化教育作用的主张,在秦始皇、李斯手中得到了具体的体现。这就是秦王朝所实行的"焚书坑儒"的措施。

关于焚书事件,据《史记》记载,其直接原因是由于儒生博士鼓吹殷周分封制,主张崇古非今所造成的。《史记·秦始皇本纪》说:

博士齐人淳于越进曰:臣闻殷周之王千余岁,封子弟功臣,自为枝辅。今陛下有海内,而子弟为匹夫,卒有田常、六卿之臣,无辅拂,何以相救哉?事不师古而能长久者,非所闻也。……始皇下其议。丞相李斯曰:五帝不相复,三代不相袭,各以治,非其相反,时变异也。今陛下创大业,建万世之功,固非愚儒所知。且越言乃三代之事,何足法也?异时诸侯并争,厚招游学。今天下已定,法令出一,百姓当家则力农工,士则学习法令辟禁。今诸生不师今而学古,以非当世,惑乱黔首。丞相臣斯昧死言:古者天下散乱,莫之能一,是以诸侯并作,语皆道古以害今,饰虚言以乱实,人善其所私学,以非上之建立。今皇帝并有天下,别黑白而定

第四章　战国末期法家学派思想的总结与秦王朝法家政治的终结

一尊、私学而相与非法教，人闻令下，则各以其学议之，入则心非，出则巷议，夸主以为名，异取以为高，率群下以造谤。如此弗禁，则主势降乎上，党与成乎下。禁之便，臣请史官非秦记皆烧之。非博士官所职，天下敢有藏《诗》、《书》百家语者，悉诣守尉杂烧之。有敢偶语《诗》、《书》者弃市，以古非今者族。吏见知不举者与同罪。令下三十日不烧，黥为城旦（筑长城之苦役）。所不去者，医药、卜筮、种树之书。若欲有学法令，以吏为师。制曰：可。

这一大段记载，我们把它全抄录了下来，为的是要弄清焚书事件的缘由。焚书的直接原因是儒生淳于越所挑起的。他以古非今，鼓吹西周分封制。对此，李斯以"五帝不相复，三代不相袭"的法家进化历史观反驳之。与此同时，李斯又针对当时私学"道古以害今"、"相互非法教"、"率群下以造谤"的情况，而提出了禁私学焚诗书的主张，想通过用行政手段、暴力的措施来解决思想意识上的纷争。具体地说，就是用烧书和刑杀两种手段来压制思想领域的斗争。应当说，儒生们主张恢复分封制和他们的崇古非今的思想，是一种保守的倒退的落后思想，甚至可以说是反动的思想。但思想斗争并不能仅靠行政和暴力手段所能解决问题的。烧史记（除秦记外），烧《诗》、《书》百家言（除博士官所职）、偶语《诗》、《书》者弃市，以古非今者灭族。所有这些都是文化专制主义的高压政策，它不让人掌握文化典籍，否定文化遗产，否定文化教育，不能不说它对整个中华民族文化的发展起了极大的阻碍作用。虽说李斯、秦始皇当时采取焚书措施有其一定的理由，但总的来说，焚书事件是法家非道德主义、非意识形态主义、否定文化教育思想的狭隘功利主义思想的产物。

关于坑儒事件，《史记》记载说：

> 侯生、卢生相与谋曰：始皇为人，天性刚愎自用，起诸侯，并天下，意得欲从，以为自古莫及己。专任狱吏，狱吏得亲幸，博士虽七十人，特备员弗用。丞相诸大臣皆受成事，倚办于上。上乐以刑杀为威，天下畏罪持禄，莫敢尽忠，……天下之事无小大皆决于上，……贪于权势至如此，未可为求仙药。于是乃亡去。始皇闻之，乃大怒曰：吾前收天下书不中用者尽去之。悉召文学方术士甚众，欲以兴太平，方士欲练以求奇药。今闻韩众去不报，徐市等费以巨万计，终不得药，徒奸利相告日闻。卢生等吾尊赐之甚厚，今乃诽谤我，以重吾不德也。诸生在咸阳者，……或为妖言以乱黔首。于是使御史悉案问诸生，诸生传相告引，乃自除犯禁者四百六十余人，皆坑之咸阳，使天下知之，以惩后。①

这是说，坑杀诸生的事件是由于诸生们在咸阳为妖言以乱黔首所造成的，但直接触发这一事件的，还是方士们欺骗与诽谤秦始皇所致。侯生、卢生攻击秦始皇"刚愎自用"，"专任

---

① 《史记·秦始皇本纪》。

第四章 战国末期法家学派思想的总结与秦王朝法家政治的终结

狱吏"、"乐以刑杀为威"、"贪于权势"、"未可以求仙药",于是"乃亡去"。秦始皇本来"悉召文学方士甚众",召文学儒生"欲以兴太平",召方士"欲以求奇药"。然而,方士们"费以巨万计,终不得药",而亡去。如韩终、徐市(即徐福)等人,更有甚者如侯生、卢生他们反而攻击秦始皇残暴贪权而"未可为求仙药"。至于文学儒生不仅不能帮助秦始皇兴太平,反而"妖言以乱黔首"。对此秦始皇才下令搜捕诸生,坑杀四百六十余人于咸阳的。这就是著名的坑儒事件,其时当在秦始皇三十五年。当然这四百六十余人中很可能还包括像侯生、卢生一类诽谤秦始皇的方士在内。但从扶苏进谏所说"诸生皆诵法孔子"来看,被坑杀的大多应是儒生。这些儒生大概多是焚书令中所说的那些"以古非今者"或"偶语诗书者"、"相与非法教"者等。平心而论,坑杀这些社会的不安定分子,对巩固新政权、稳定社会秩序确有必要的。但知识分子的思想问题,并不能靠坑杀所能解决的。对犯禁者四百六十余人全部坑杀亦充分反映了秦法的残酷,至于博士七十人特备员弗用,这说明秦王朝对文化和文化人的不重视,这也充分体现了法家政治的特点。

(3) 统一全国的文字、货币和度量衡。

国家统一了,行政制度统一了,刑律统一了,为了进一步巩固统一,结束分裂的状态,对全国的文字、货币、度量衡亦应采取整齐划一的措施:

统一文字 战国时期各国的文字各有差异。李斯受命统一文字,废除六国的异体,以秦篆为基础,在全国范围内第

147

一次规范了汉字。李斯还以小篆体写了《仓颉篇》作为范本，推行全国。当时流行的书法，则用隶书。

统一货币　战国时代各国的货币形制轻重各不相同。有"刀"币、"布"币、圆钱等等。秦王朝统一了全国的货币，一律改以黄金为上币，以镒（二十两）为单位；圆形方孔的铜钱为下币，以半两为单位。

统一度量衡　战国时代各国的度量衡的大小、长短、轻重都不同。秦王朝则把商鞅制定的度量衡标准作为统一的标准推行全国。秦始皇二十六年实现"一法度衡石丈尺"。据现存青铜器"商鞅量"铭文记载，秦一尺约合今零点二三公尺，秦一斤约合今零点二公斤。[①]

以上所有这些统一制度的措施，都是有助于统一的封建大帝国的建立的。

然而，这样一个东至海，西至临洮、羌中，南至岭南，北据黄河为塞，并阴山至辽东，幅员如此广大，经济、政治、军事又如此强大的封建大一统帝国，怎么能在短短的十余年之后就土崩瓦解、悲惨地灭亡了呢？这一历史悲剧又应作如何的说明与解释呢？一二千年来，秦王朝的覆亡一直为历代政治家、思想家、历史学家们所关注、研究和探讨。他们都从不同的角度总结了秦王朝的历史教训，探讨了秦王朝迅速崩溃的历史原因。依我所见，把这些原因与教训总结起来不外乎有这样几条：

[①] 《中华民族杰出人物传·秦始皇》，中国青年出版社，1983年。

第四章 战国末期法家学派思想的总结与秦王朝法家政治的终结

（1）暴政刑法极端严酷。

秦王朝刑罚之残酷是天下人尽知的。秦始皇"专任狱吏"，"乐以刑杀为威"，弄得天下人人自危，乃至大臣们"畏罪持禄，莫敢尽忠"。据方士侯生、卢生所说："秦法，不得兼方，不验辄死。"《史记正义》说："言秦施法不得兼方者，令民之有方伎不得兼两齐，试不验，辄赐死。"以此方士们皆"畏忌讳谀，不敢端言其过"，即不敢向秦始皇进谏，只得逃遁。其刑法之惨酷可想而知。正由于这种严刑峻法，以致造成了陈胜、吴广在不得已情况下发难起义。严刑峻法，正是商鞅韩非为代表的法家的政治主张。严刑峻法用来打击秦国乃至六国的旧贵族，对于摧毁旧制度建立新制度，对于打击分裂割据势力，促进统一的大业，是有其进步的意义，但酷刑苛政一旦完全用来对付人民，这种高压政策，只能激起人民的起义、反抗，促进秦王朝的加速灭亡而已。由此可见，法家政治既造就了秦王朝的建立和强盛，亦带来了秦王朝的迅速灭亡。秦王朝的兴亡完全是法家政治的必然产物。

（2）不识攻守形势的变化，不施仁义不用德教，缺乏长治久安之策。

商鞅韩非的法家一向主张"不法古，不修今"，"世事变而行道异"，时势变了，政治措施也就要随着起变化，不能一成不变。然而秦始皇、李斯等人却违背了法家的这一基本指导思想，攻守之势变了，但仍然抱着以往的不变的措施，在和平时期坚持用攻战的一套政治，即暴力法治。从某种意义上说，秦始皇、李斯在坚持着法家路线，然而他们不懂得法家政治本身只是在攻战时代才是合宜的有效的。一旦由攻战时代，即夺取天下政权的时代，转化成守成时代，即巩固政权的时代，法家政治就不能完全符合时代的要求了。政治措施就必须随着时代的变化而变化。要巩固政权，赢得长治久安，单靠暴力的一手显然是不够了。暴力一手可以在短期内取得稳定社会的秩序，但不能使广大人民在心里信服新王朝。正如孔子所说："道之以政，齐之以刑，民免而无耻；道之以德，齐之以礼，有耻且格。"① 这是说，用政令治理老百姓，用刑法约束老百姓，人民暂时可以避免犯罪，但不知道有什么可耻；用德教来教育老百姓，用礼义来要求老百姓，人民就会懂得有羞耻之心，并能自觉地遵守规矩。可见，要使得老百姓心悦诚服地接受统治，就必须用德教礼教。这才是长治久安之策。在这一点上儒家思想似乎要比法家看得深远得多。秦始皇、李斯在时代形势变化了的情况下，固执着法家的暴力政治，而不懂得时代形势变化了，政治措施亦应随着改变的道理，在这里，法家的政治与法家的理论发生了矛盾。要求坚持法家的历史观就得抛弃法家的暴力政治，然而抛弃法家的法治政治，实际上也就抛弃了法家。可见秦王朝统一全国之后，法家的历史使命也就基本结束；法家则应退出政治舞台，必将为适应时代需要的新的学说所代替。

　　从攻守形势变化的角度来总结秦王朝覆亡教训的，当首推西汉初年的大思想家贾谊。他在其历史名篇《过秦论》中

---

① 《论语·为政》

第四章　战国末期法家学派思想的总结与秦王朝法家政治的终结

精辟地分析说：

> 秦以区区之地，千乘之权，招八州而朝同列，百有余年矣。然后以六合为家，殽函为宫，一夫作难而七庙（七庙指孝公、惠文王、武王、昭王、孝文王、庄襄王、秦始皇的庙）隳，身死人手，为天下笑者，何也？仁义不施而攻守之势异也。①

为什么说是"攻守之势异"呢？自孝公重用商鞅变法富国强兵之后，当时形势是群雄割据争夺天下的局面，其时的任务是用武力统一中国，属于攻战时代。待到秦始皇统一全中国之后，用攻战来统一全国的历史任务已经完成，形势起了根本的变化，其时已经转入巩固政权，即所谓守成时代。形势不同了，时代变了，过去是"攻"，现在是"守"，攻需要靠暴力，守则不能仅靠暴力，更重要的是要用仁义德教来赢得民心，得到人民的拥护，国家才能长治久安。秦始皇法家政治的根本错误，就在于不识"攻守之势异"，时代变了而仍然坚持着攻战时代的政治。虽秦始皇自称始皇帝，自以为自己开创的帝业能传至二世、三世至于万世，但结果事与愿违，秦始皇死后，貌似强大的秦王朝迅速崩溃，这一历史的教训，贾谊的分析是十分深刻的。

（3）繁重的徭役租赋。

秦始皇通过大规模战争最后统一了中国之后，本应逐步

---

① 《史记·秦始皇本纪》引贾谊《过秦论》。

地裁减军备，减轻人民的负担，但秦王朝并没有这样做，而是继续维持着一支庞大的军队（据估计，当时服兵役者超过二百万，占壮年男子的三分之一以上），并进行巨大的国防建设（修筑长城）和供自己享乐的土木建筑（建筑阿房宫与骊山墓等）。以此秦始皇大大地增加了租赋力役的征发，达到"力役三十倍于古，田租口赋盐铁之税二十倍于古"的程度，从而出现了"男子力耕，不足粮饷，女子纺织，不足衣服，竭天下之资财以奉其政"的严重局面。人民生活于水深火热之中，所以陈胜在发难时说"天下苦秦久矣"，这是反映了当时人民生活的实际情况的。这种繁重的徭役和租赋，也是激起大规模农民起义，导致秦王朝迅速崩溃的一个十分重要的原因。

总之，秦始皇建立了伟大的历史业绩，这是与他推行法家政治分不开的。同样，强大的秦王朝的迅速崩溃，也是他坚持法家政治的必然结果。秦王朝的灭亡，最后宣告了法家政治的终结。

第五章　法家思想对后世的影响

秦王朝的灭亡，虽说宣告了法家的终结，法家已经完成了它的历史使命，作为一个学派已经结束了自己发展的历史。但并不能说法家思想对后世不再产生影响，法家思想对后世社会，包括在政治、经济、思想文化诸方面，都产生了深远的影响。虽说很难再作为一个独立的学派而存在，但它的思想深深地影响了秦以后的整个封建社会的上层建筑和意识形态。继秦王朝法家政治结束之后，不论兴起于西汉初年的黄老之学。乃至后来成为汉代的官方哲学的董仲舒的儒学，还是而后的魏晋玄学和宋明理学，一般都不同程度地吸取了法家的法治思想。这是因为法治，通过颁布法令、法律来治理社会，已经成了封建社会政治统治的一个重要内容。刑德并用、王霸杂之，一向是封建统治的不可或缺的两手，犹如车有两轮、鸟有双翼一样，没有这两手，封建社会就不能运转。所以正统的儒家虽说它攻击法家不遗余力，但法家的法治思想却还是暗暗地被它吸取进了自己的学说之中。例如董仲舒是位著名的儒学家，他的儒学思想成为官方哲学。他提出罢黜百家、独尊儒学的主张。但他对法家所主张的法治一手也并不是要全都抛弃,而只是主张德教为主,法治为辅,不可独任法治而已。董仲舒说:"天道之大者在阴阳,阳为德,阴为刑;刑主杀而德主生。是故阳常居大夏,而以生育养长为事;阴常居大冬,而积于空虚不用之处,以此见天之任德不任刑也。天使阳出布施于上而主岁功,使阴入伏于下而时出佐阳,阳不得阴之助,亦不能独成岁"。① 在此,董仲舒用阴阳学说来解释德刑两手,认为德为阳为主,刑为阴为辅,虽说以阳为主,但不得阴之助也不能独成岁(有夏有冬才能成一岁),所以刑法还是不可抛弃的,只是不能"独任执法之吏治民"而已。所以,汉代有作为的帝王一般都是以"王霸杂之",即德刑(或称礼法)两手来治理社会的。这正如汉宣帝所说:"汉家自有制度,本以霸王道杂之。奈何纯仁德教,用周政乎?且俗儒不达时宜,好是古非今,使人眩于名实,不知所守,何足委任。"②"纯仁德教"的迂儒是不达时宜的,巩固政权必须靠软硬两手,德教与法治两者缺一不可。至于西汉初年盛行的黄老治国思想,则更是道家的清静无为与法家的法治思想相结合的产物。例如,汉初著名的以黄老治国的政治家曹参,他用黄老学者盖公之术,"治道贵清静而民自定"。曹参为相国,"见人之有细过,掩匿覆盖之,府中无事",惠帝怪其相国不治事,曹参回答说:"高皇帝与萧何定天下,法令既明,陛下垂拱,参等守职,遵而勿失,不亦可

---

① 《汉书·董仲舒传》。
② 《汉书·文帝纪》。

第五章　法家思想对后世的影响

乎！"① 可见曹参的清静无为而治就是守住高祖和萧何所制定的法令而已。所以曹参去世之后，百姓歌曰："萧何为法，讲若画一（颜师古注：'讲，和也。画一，言整齐也。'）曹参代之，守而勿失。载其清靖，民以宁壹。"②

在秦以后的整个封建社会中，虽说已经不存在法家学派，但具有法家精神或带有法家思想倾向的政治家时有出现。他们用法家思想来治国为政，并在一定的历史时期中作出了自己的贡献。其中影响比较大的有汉代的晁错，三国时的曹操、诸葛亮，宋明时期的王安石、张居正等人。

第一节　晁错

晁错，汉初颖川人，曾"学申商刑名于轵张恢生所"（颜师古注说："轵县之儒生姓张名恢，错从之受申商法也"），③可见他早年学的是法家思想。孝文帝时，故秦博士伏生治尚书，年已九十余，错又"受尚书伏生所"，并得到文帝的称赞，拜为太子舍人迁博士。晁错又上书言守边备塞事和作举贤文学士对策等，深得文帝的赞赏，以此迁中大夫。景帝即位后，又迁御史大夫，晁错有著作三十篇，被《汉书·艺文志》列入法家类。后因他请削诸藩事，遇吴王反叛而被朝臣所害。

晁错是位带有法家思想倾向的政治家。他的法家思想表

---

① 《汉书·萧何曹参传》。
② 同上。
③ 《汉书·爰盎晁错传》。

155

现得比较明显的有如下几点：

（1）重术。

晁错成为文帝朝的太子舍人和博士后，他曾上书说："人主所以尊显功名扬于万世之后者，以知术数也。故人主知所以临制臣下而治其众，则群臣畏服矣。知所以听言受事，则不欺蔽矣。知所以安利万民，则海内必从矣。知所以忠孝事上，则臣子之行备矣。"① 法家是讲"术数"的。尤其是法家申不害，曾"以术干韩昭候"，用术来治天下。至于晁错在这里所讲的"术数"是什么内容呢？张晏注说："术数，刑名之书也。"颜师古说："公孙弘云：擅生杀之力，通壅塞之途，权轻重之数，论得失之道，使远近情伪必见于上，谓之术。"② 所谓"术"张晏与颜师古的注都讲的是法家的刑名之术，是用来驾驭臣民的（擅生杀之力，通壅塞之途）法家之术。这一注释是符合实际的，所以晁错接着谈到了人掌握了"术数"，就能"临制臣下"，"群臣畏服"，听言受事不受欺蔽，这都是法家所主张的刑名参同以考察群臣的"术"的作用。由此可见，晁错是十分主张人主用"术"来治理天下的。

（2）明法。

晁错对法治也十分赞扬，他认为三王与五伯之臣都是明法度的典范。三王"其为法令也，合于人情而后行之"。五伯之臣（如管仲等人）"奉法令而不容私"。"其立法也，非以苦

---

① 《汉书·爰盎晁错传》。
② 同上。

民伤众而为之机陷也,以之兴利除害,尊主安民而救暴乱也。"① 尤其他十分赞赏五伯之臣的赏罚公平,称他们"其行赏也,非虚取民财妄予人也,以劝天下之忠孝而明其功也。故功多者赏厚,功少者赏薄。……其行罚也,非以忿怒妄诛而从暴心也,以禁天下不忠不孝而害国者也,故罪大者罚重,罪少者罚轻。……立法若此,可谓平正之吏矣"②。赏罚公平,以法而断,这是法家思想的重要内容。至于法令已经不合时宜者,晁错则主张要及时更改,"法之逆者,请而更之",更改要以"不以伤民"、"不以伤国"为原则。景帝即位后,晁错为内史,就曾更改了不少法令,为了削弱诸侯王的权力,加强中央的集权,"错所更令三十章",以此遭到了诸侯王的反对,直至贡献了自己的生命。可见晁错一生是体现着强烈的法家精神的。

(3) 重农。

重视农业生产是法家的一贯主张。我国的封建社会,以农立国,以此法家主张重本抑末,重视农业而抑制工商业的发展。汉初由于农业生产的恢复与发展,文帝又弛山泽之禁,促进了农民副业的生产,从而使得商业也十分活跃。当时出现了不少大商人,他们囤积居奇,侵蚀农民,致使农民破产流亡。为此,当时朝廷采取了抑制商人的措施。如禁止商人做官等。为了鼓励农业生产,晁错则向文帝提出了"入粟拜

---

① 《汉书·爰盎晁错传》。
② 同上。

爵"的建议。晁错说:"方今之务,莫若使民务农而已矣。欲民务农,在于贵粟。"① 至于如何"贵粟"呢?"贵粟之道,在于使民以粟为赏罚。今募天下入粟县官;得以拜爵,得以除罪。如此,富人有爵,农民有钱,"② 富人(包括商人)入粟有爵位,农民卖粟而得钱,两者皆有利。晁错认为,这一措施是顺于民心的,其所补者有三:"一曰主用足,二曰民赋少,三曰劝农功。"国家有了粮食,国库充实,赋税可减少,可鼓励农民从事农业生产。晁错的建议,最后为文帝所采纳。这一措施在当时对促进农业生产起到了积极的作用。

第二节　曹操、诸葛亮

秦以后的整个封建社会中,在历史上最能体现法家精神的政治家,当首推曹操了。曹操,字孟德,沛国谯县(今安徽亳县)人。三国时期的著名政治家、军事家。曹操生活的时代,正值东汉末年军阀割据混战的时期,国家要统一,人民思安定,曹操顺应着时代的要求,打击了豪强割据势力,统一了北方中国,建立了不朽的历史功绩。曹操所处的时代与秦始皇时代有某些相似的特点,他们都处在分裂割据战乱的年代,他们又都用武力实现了统一的事业。曹操统一了北中国,秦始皇统一了全中国,两者相较,曹操的业绩自然不

---

① 《汉书·食货志》。
② 同上。

第五章 法家思想对后世的影响

能与秦始皇相比,但他们都是历史上对中国统一大业作出了贡献的人。他们所处的时代,所完成的事业,确是有其相通之处的。秦始皇用法家政治统一了全中国,曹操亦深深懂得"治平尚德行,有事赏功能"和"定国之术,在于强兵足食"的道理。为了实现统一中国的抱负,曹操在政治上实行刑名法治,"魏武初霸,术兼名法"。① 名法之家一度在曹操时代又复兴了起来。正如《三国志》中所说:"今之学者师商、韩而上法术"②,《晋书》中说:"近者魏武好法术,而天下贵刑名。"③ 这些说法看来是符合当时实际的。

曹操的法家思想归结起来主要有这样几点:

(1) 尚法治。

曹操执法严明,不避豪强。早在他20岁举孝廉为郎,任洛阳北部尉时,就主张严明法纪,执法不避豪强。史书记载当时的情况说:"(曹操)缮治四门,造五色棒,悬门左右各十余枚,有犯禁者,不避豪强,皆棒杀之。"④ 当时"灵帝爱幸小黄门蹇硕叔父夜行犯禁,即棒杀之,京师敛迹,莫敢犯者"。建安九年,曹操又颁布"重豪强兼并之法",针对豪强擅恣兼并,鱼肉下民,令中规定"其收田租亩四升,户出绢二匹,绵二斤而已,他不得擅兴发。郡国守相明检察之,无

---

① 《文心雕龙·论说》。
② 《三国志·魏书·杜畿传附于恕传》。
③ 《晋书·傅玄传》。
④ 《三国志·魏志·武帝纪》注引《曹瞒传》。

令强民有所隐藏，而弱民兼赋也"。① 建安二十五年曹操又在遗令中明确指出："吾在军中持法是也"②，表明自己一向是以法治军的。以法治国、以法治军，就必须做到赏罚分明，为此曹操十分重视赏功罚罪。他在《论吏士行能令》中说："管仲曰：'使贤者食于能则上尊，斗士食于功则卒轻于死'，二者设于国则天下治。未闻无能之人，不斗之士，并受禄赏，而可以立功兴国者也。故明君不官无功之臣，不赏不战之士。"③ 可见，曹操继承了春秋时代法家先驱者管仲的思想，力主赏罚必信。

（2）重耕战。

耕战思想是先秦商鞅法家思想的一个重要内容。在这一思想指导下。商鞅实行了变法，使秦国很快地富强了起来，后来居上，一跃而成为称霸天下的一流强国。曹操为了富国强兵统一天下，亦采纳了法家的耕战思想。统一天下要靠武力，要有武力就要有一支强大的军队，而要维持强大的军队，就必须要有足够的军粮，要获得军粮就得发展农耕。而当时的情况是："自遭荒乱，率乏粮谷，诸军并起，无终岁之计，饥则寇略，饱则弃余，瓦解流离，无敌自破者不可胜数。"④ 针对这种情况，富有远见的政治家曹操颁布了《置屯田令》。令中说："夫定国之术，在于强兵足食，秦人急农兼天下，孝

---

① 《曹操集》卷二《收田租令》。
② 《曹操集》卷二《遗令》。
③ 《曹操集》卷二《论吏士行能令》。
④ 《三国志·魏志·武帝纪》。

武以屯田定西域,此先代之良式也。"① 在这里,曹操采用了法家的耕战思想,并以汉武帝在西域屯田的形式,在国中推行屯田制,于是在建安元年,曹操"募民屯田许(许都)下,得谷百万斛,于是州郡例置田官,所在积谷。征伐四方,无运粮之劳,遂兼灭群贼,克平天下"。② 曹操的屯田制是一种组织农民和士兵发展农业的措施。当时有民屯与军屯两种,参加民屯的农民,按照军事编制组织起来进行农业生产,屯民可以免去兵役和徭役,但要向政府交纳很重的地租。军屯则是士兵屯田种地,兵农结合的产物。屯田制促进了农业生产,很快使"州里萧条"的中原地区,农业经济得以恢复和发展,"数年中,仓储积粟,所在皆满",不但解决了军粮问题,而且大大地增强了曹操的经济实力,为统一天下打下了经济基础。

(3)唯才是举,不拘品行。

曹操的法家精神,还表现在他的选拔人才不拘品行,唯才是举的思想上。曹操在他的"治平尚德行,有事赏功能"的思想指导下,认为当时还不是遵古尚德的时代,而是战乱多事之秋,应是"赏功能"的时候。以此他主张急需选拔那些有治国用兵之术的人,就是这些人不仁不孝不遵礼法,亦应在选之列,委以重任。在曹操身上带有轻视儒学,不尚儒术的思想倾向。曹操于建安二十二年颁布"举贤勿拘品行令"。令中说:"昔伊挚、傅说出于贱人;管仲,桓公贼也,

---

① 《三国志·魏志·武帝纪》。
② 同上。

皆用之以兴。萧何、曹参，县吏也，韩信、陈平负污辱之名，有见笑之耻，卒能成就王业，声著千载。吴起贪将，杀妻自信，散金求官，母死不归，然在魏，秦人不敢东向，在楚，则三晋不敢南谋。……若文俗之吏，高才异质，或堪为将守；负污辱之名，见笑之行，或不仁不孝而有治国用兵之术；其各举所知，勿有所遗。"① 这是说，伊挚、傅说本为贱人，管仲本是齐桓公的敌人，萧何、曹参原为县吏，韩信、陈平受过污辱之耻，然而这些人都能帮助自己君主建立王霸之业。至于法家吴起更是不仁不孝（杀妻，母死不归），却能富国强兵，使魏、楚称霸一时。以此选拔贤臣良将，可以不必拘泥于品行。只要有治国用兵之术即可推举任用。这种"唯才是举"的思想，是他的"有事赏功能"和"不官无功之臣"、"不赏不战之士"的法家思想在选拔官吏上的具体表现。

当然曹操也不是像商鞅、韩非那样的法家人物。曹操并不完全否定儒家，他懂得"有事赏功能"而"治平尚德行"的道理。这就是说，和平时期巩固政权还是要崇尚儒家德教的。所以，曹操不主张废弃儒学，他在建安八年时颁布了修学令，要求恢复学校教育。《修学令》说："丧乱以来，十有五年，后生者不见仁义礼让之风，吾甚伤之。其令郡国各修文学，县满五百户置校官，选其乡之俊造而教学之，庶几先王之道不废，而有以益于天下。"② 针对当时战乱所造成的伤

---

① 《曹操集》卷三《举贤勿拘品行令》。
② 《曹操集》卷二《修学令》。

风败俗,曹操主张恢复学校,使先王之道即儒家德教不废。可见曹操的思想是不同于韩非、李斯等人所主张的"以吏为师","以法为教",正是儒家德教思想的。

三国时期另一位著名的政治家诸葛亮,他曾佐助刘备建立蜀国,与曹操、孙权三分天下。他担任蜀相,治理蜀国,也明显地带有法家的精神。陈寿称他:"科教严明,赏罚必信,无恶不惩,无善不显,至于吏不容奸,人怀自厉,道不拾遗,强不侵弱,风化肃然。"最后又评论说:"诸葛亮之为相国也,……开诚心,布公道,尽忠益时者虽仇必赏,犯法怠慢者虽亲必罚,……善无微而不赏,恶无纤而不贬,庶事精练,物理其本,循名责实,虚伪不齿(不齿,不与同列),终于邦域之内,咸畏而爱之,刑政虽峻而无怨者,以其用心平而劝戒明也。"[①] 这些评价,难免有溢美之词,但其所表现出来的法家精神则已十分清楚,诸葛亮治蜀所建立的历史功绩,是与他的法家思想密切不可分的。

第三节 王安石、张居正

王安石,字介甫,抚州临川(今江西临川)人。北宋著名的政治家。在宋神宗时,任参知政事。他针对北宋内外交困所造成的积贫积弱的局面,推行富国强兵的一系列改革措施,这就是历史上有名的王安石变法。王安石变法的目的在

[①] 《三国志·魏志·诸葛亮传》。

中国法家

于想通过发展农业生产，抑制兼并，禁止末业，整顿税制，兴修水利等措施，以达到解决国家的财政困难，富国强兵的目的。但由于变法触犯了豪绅大地主的利益，最后在顽固势力的阻挠和反对下宣告失败了。我国历史上有两次有名的变法，一次是商鞅变法，一次即是王安石变法。前者是以一种新制度代替旧制度的变革，后者则是在根本制度不变的情况下采取的一些改良措施，所以两次变法就其深度与广度上都是不可同日而语的。但就其某些指导思想来看，王安石变法却是受到了先秦商鞅等法家变法思想影响的。然而王安石又没有如曹操等人那样有强烈的法家精神，王安石之学主《诗》、《书》、《周礼》三经义，所谓三经"新义"，用"托古改制"的办法宣扬自己的变法思想。可见封建社会进入后期之后，法家在社会上的影响已远不如汉魏时期了。

王安石主张富国强兵，这是与先秦法家思想相通的。王安石认为，北宋的贫困在于生产过少，生产少则民不富，民不富则国不强。因此国强在于富民，富民就得发展生产。发展生产，一方面要抑制豪强的兼并，"蚕食佃民"，一方面要兴修水土之利。以此王安石颁布了"青苗法"、"方田均税法"、"农田水利法"等法令，[①] 以便抑制豪强富商，减轻农

---

① 青苗法：每年一二月和五六月，政府分两次向农民贷款，利息二分，夏收和秋收后归还。
方田均税法：先丈量土地，然后按照土地的高、下等级规定每亩的税额。农田水利法：兴修与农业有关的水利工程，按照工料费用的大小，由当地住户的户等高下出资兴建。

第五章 法家思想对后世的影响

民的负担,发展农业生产。这种富国富民思想和重农思想,是与先秦法家思想一脉相承的。

法家重兵重战,王安石为了解决外患,抵御辽和西夏的入侵,亦采取了强兵的措施,推行了"军器法"和"将兵法"等,① 增强了军队的实力。

在社会历史观上,王安石更是受到了商鞅、韩非的进步历史观的影响。他曾作有《太古》一文,对保守思想进行了抨击。他说:"太古之道果可行之万世,圣人恶用制作于其间?必制作于其间;为太古之不可行也。顾欲引而归之,是去禽兽而之禽兽也,奚补于代哉?吾以为识治乱者当言所以代之之术,曰归之太古,非愚则诬。"② 王安石认为人类社会是不断变化的,太古之道不可行之于万世。不然的话,后来的圣人为什么还要创造制作呢(如周公制礼作乐)?所以天下之事不可能一成不变,社会只有"变以趣时而后可治也"。③ 当时保守派说他是位"祖宗不足法"的人。"变以趣时"、"祖宗不足法"、反对保守复古,这正是王安石可贵的法家精神的具体表现。

张居正,字叔大,湖北江陵人,于明朝穆宗隆庆元年参加内阁。神宗万历元年任首辅。张居正生活于明中叶之后,

---

① 军器法:设监于开封,监督京城和各州的都作院,按制作军器的质量,论赏罚。将兵法,于军队中设置负专职操练军士的将官,选拔武艺精良的军官充任。
② 《临川集·太古》。
③ 《临川集·洪范传》。

当时朝政腐败，官僚贪污成风，豪绅兼并土地有加无已，统治集团内部朋党相轧。再加蒙古鞑靼部强盛于北方，屡次侵入内地。明朝廷处于政治、经济的危机之中。为了缓和矛盾，挽救明朝的危机，张居正采取了一些整顿改革的措施。张居正是一位当时比较有才能的政治家。为了抵御北方少数民族的入侵，张居正从东起山海关，西至居庸关的长城上加修了"敌台"三千余座，巩固了边防要塞。对内整顿吏治，裁减冗员。"尊主权，课吏职，行赏罚，一号令"①，奖励官吏的"急公进取"。在经济上为了抑制豪强的兼并和解决赋税负担不均的问题，张居正实行丈量土地，在此基础上，实施一条鞭法。所谓一条鞭法，即把原来按照户、丁派役的办法改为按丁、粮（地亩）派役，并把夏秋两税和其他杂税合编一条，无论税粮和差役，都改为征银，简化了赋税的名目和手续，其目的为了使赋税均平，防止豪强作弊勒索下民。张居正的这些整顿措施，在一定程度上也都体现了一些法家的思想和精神。

---

① 《明史》卷二、三《张居正传》。

出版后记

中华文明源远流长。在漫长的历史岁月中，我们中华民族创造了辉煌灿烂的文化成就，践行着自己朴素而真诚的人生和社会理想，追寻着具有鲜明特色的伦理价值和审美境界，展示出丰富、生动、深邃的思想智慧。在很长一段时间内，中国文化在世界文明体系中居于领先地位，其影响力和感染力无比强大，从而在铸就中华民族独特灵魂的同时，也为人类文明的发展和进步作出了重要的贡献。

明清之际，由于复杂的原因，中国社会没有能够有效地完成转型，逐步走向封闭和衰落。鸦片战争的失败，更使中国面临数千年未有之变局，使中华民族沦入生死存亡的艰难境地。为了救国于危难，当时的仁人志士自觉不自觉地把目光投向西方，投向西学，并由此对中国传统文化进行了激烈的批判。从洋务运动、戊戌变法，一直到五四新文化运动，

中国法家

在近代中国救亡图存的历史语境中,传统文化的观念和形态,常常被贴上落后、愚昧的标签,乃至被指斥为近代中国衰落和灾难的祸根,就连汉字和中医这样与国人生命息息相关的文化形态,也受到牵连和敌视,被列入需要废除的清单。对本民族文化的这种决绝态度,在世界各民族的历史上都是罕见的,它既反映了我们中华民族创新发展的非凡勇气,也从一个重要侧面,印证了中华传统文化的顽强和深厚。

今天,历史已经走进21世纪,我们中华民族经过不懈的努力和奋斗,迎来了快速发展的良好机遇,国家强盛、民族复兴的曙光就在前方。在这样的时候,在这样的历史背景下,重温我们民族的辉煌、艰难历史,重新认知我们民族的优秀文化和高贵传统,不仅是一种自然的趋势,也是一项庄严的历史使命。理由很简单,我们中华民族要在全球化的背景下真正实现伟大复兴,必须具有足够的凝聚力和创造力,必须具有强烈的自尊心和自信心,而这一切,离不开对本民族优秀文化基因的认同和感念,离不开对优秀传统的继承和弘扬。从这个意义上说,中国传统文化是不绝的源泉,是清新而流动的活水。我们组织出版《中国文化经纬》系列丛书,正是为了汲取丰富的精神滋养,激发我们前行的力量。

本书系计划出版100卷,由著名的中国文化书院组织编

出版后记

写，内容涵盖中国传统文化的各个方面和层级，涉及文学、历史、艺术、科学、民俗等多个领域，力求用通俗易懂的语言，用较少的篇幅，使广大读者对中国历史文化有较为全面的认识，对中国精神和中国风格有较为深切的感受。丛书的作者均为国内知名专家，有的是学界泰斗，在国内外享有盛誉，他们的思想视野、学术底蕴和大家手笔，保证了丛书的学术品质和精神品格。

这是一套规模宏大、富有特色的中国传统文化读本，这是专家为同胞讲述的本民族的系列文明故事，我们期待您的关注和阅读，也等待您的支持和批评。

中国书籍出版社

2015 年 9 月

中国文化经纬·第一辑

从黄帝到崇祯：二十四史 / 徐梓　著
华夏文明的起源 / 田昌五　著
孔子和他的弟子们 / 高专诚　著
老子与道家 / 许抗生　著
墨子与墨学 / 孙中原　著
四书五经 / 张积　著
宋明理学 / 尹协理　著
唐风宋韵：中国古代诗歌 / 李庆　武蓉　著
易学今昔 / 余敦康　著
中国神话传说 / 叶名　著

中国文化经纬·第二辑

敦煌的历史与文化 / 宁可　郝春文　著
伏尔泰与孔子 / 孟华　著
利玛窦与徐光启 / 孙尚扬　著
神秘文化的启示：纬书与汉代文化 / 李中华　著
中国古代婚俗文化 / 向仍旦　著
中国书法艺术 / 陈玉龙　著
中国四大古典悲剧 / 周先慎　著
中国图书 / 肖东发　著
中国文房四宝 / 孙敦秀　著
中印文化交流史 / 季羡林　著

中国文化经纬·第三辑

先秦名家研究 / 许抗生　著
中国法家 / 许抗生　著
中国古代人才观 / 朱耀廷　著
中国吉祥物 / 乔继堂　著
中国科举考试制度 / 张希清　著
中国人的时间智慧：一本书读懂二十四节气 / 张勃　郑艳　著
中国人生礼俗 / 乔继堂　著
中国文化在朝鲜半岛 / 魏常海　著
中华理想人格 / 张耀南　著
中华水文化 / 张耀南　著